Gerhard Jan Rötting

Als zur ersten Weihnacht ein neuer Ofen die Hütte wärmte

mediaKern

Bibliografische Information der Deutschen Nationalbibliothek
Die Deutsche Nationalbibliothek verzeichnet diese Publikation in der Deutschen Nationalbibliografie; detaillierte bibliografische Daten sind im Internet über http://dnb.d-nb.de abrufbar.

ISBN 978-3-8429-2007-1

Bestell-Nr. 512 2007

Umschlaggestaltung: Frank Decker
Layout: Ch. Karádi
Herstellung: Drukarnia Dimograf, Bielsko-Biała, Polen
Printed in the EU 2011

www.media-kern.de

Inhalt

Als zur ersten Weihnacht ein neuer Ofen die Hütte wärmte

1

Jetzt, wo nach dem Kosovokrieg im Jahre 1999 der Friede im Kosovo eingekehrt ist, steckt aber noch manche Familie in bitterer Armut. Sie haben zwar fast alle ihre zerstörten oder abgebrannten Häuser wieder aufgebaut – und somit ein Dach über dem Kopf geschaffen. Aber was tun, wenn der Familienvater keine geregelte Arbeit finden kann? Oder wenn durch längere Krankheit der Kinder die Familie deshalb verarmt, weil der geringe Verdienst für Arztbesuche und teure Medikamente ausgegeben werden muss? Denn ein Krankenversicherungssystem– wie bei uns in Deutschland – gibt es im Kosovo nicht. Das hat verheerende Folgen und lässt die Selbstmordrate hochschnellen. Sie macht 75 % aller Sterbefälle aus. Mancher schwerkranke Kosovare ohne Aussicht auf Heilung nimmt sich das Leben, weil er es seiner Familie nicht zumuten möchte, monatelang teure Medizin für ihn kaufen – oder sogar für die Operationskosten aufkommen zu müssen. Das kann die eigene Familie niemals aufbringen, auch wenn sie eine oder mehrere Kühe verkauft (wenn sie überhaupt eine oder mehrere Kühe im Stall hat!). Zudem würde ja mit dem Verkauf von Nutztieren die Existenzgrundlage der Familie gänzlich entfallen.

In Krankheitsfällen besuchen die einheimischen Christen die Leute, um ihnen materielle Hilfe zukommen zu lassen – so viel in ihrer Macht liegt: Sie haben ja selber kein Vermögen. Aber sie wissen: Glaube ist Tat – und nicht nur Worte! Darum sagen sie den Armen von ihrem Glauben an den Retter der Welt, der Jesus heißt und der Sohn des lebendigen Gottes ist. Er tut bekanntlich auch heute noch Wunder, denn er liebt alle Leute – ausnahmslos. Auch die Muslime. Auf diese göttliche Liebe und Kraft kommt es bei den Christen an: Die Liebe Gottes zu uns Menschen ist nicht nur eine Ansammlung bloßer oder blasser Gedanken, sondern diese Liebe beherrscht den Pulsschlag der Christen – auch derer im Kosovo.

Die herrliche Bergwelt im westlichen Kosovo ist faszinierend. Weht der Wind durch die Baumkronen und um die Gipfel der fast 2 000 Meter hohen Granitfelsen, die sich unerwartet und schroff aus der Ebene hervorheben, dann rufen sie zur dankbaren Besinnung: Der Schöpfer dieser schönen Welt –

der himmlische Vater – hat gute Gedanken des Friedens mit diesem kleinen, albanischen Volk am Rande Europas, das zu 98 % durch muslimische Tradition geprägt ist.

Wie überall in der Welt, so kommt den Christen im Kosovo eine große Bedeutung zu: Sie sind wie Salz und Licht in der Region.

Weil Gottes Güte ständig in Bewegung ist, darum sind die Christen es auch. Das gilt selbstverständlich auch für die Christen in Istog, in jener pulsierenden Stadt im westlichen Kosovo.

Heute ist der dreizehn Meter lange Lastwagen aus Deutschland in Istog eingetroffen – vollbeladen mit humanitären Hilfsgütern. Der Gemeindesaal ist bis zur Zimmerdecke mit Paketen gefüllt.

Die Diakone und Pastoren fassen einen Beschluss: Wenn wir die Kinder nicht zum Weihnachtsfest in den Gemeindesaal einladen können und wir ihnen die Bethlehem-Geschichte auch nicht in der frostigen Kälte vor dem Saal erzählen können, dann machen wir es umgekehrt und bringen in den kommenden Tagen die Hilfsgüter der deutschen Missionsfreunde zu ihnen in die Familien.

An den noch verbleibenden Tagen bis zum großen Fest machen sich die zwei Diakone und drei Pastoren auf den Weg in die kinderreichen Familien. Sie stapfen durch den frisch gefallenen Schnee und tragen die ziemlich großen Pakete oft kilometerweit in die Dörfer rings um die Stadt Istog.

Pastor Zeqir (sprich: »Se-tschir«) tut sich wirklich schwer mit den großen Paketen, die er zu einer niedrigen Hütte – weit ab von der Stadt Istog – bringen will. Aber er weiß, dass in diesem alten, niedrigen Häuschen Kummer und Armut herrscht.

Als er sich der Hütte nähert, fragt er sich, ob überhaupt jemand daheim ist. Es bellt kein Hund. Und im Schnee gibt es auch keine Hundespuren. Aus dem Schornstein steigt kein Rauch in den kalten, klaren Himmel auf. Pastor Zeqir nimmt die beiden schweren Pakete von seinen Schultern und klopft an die niedrige Tür, die sich quietschend öffnen lässt. Die ganze Familie sitzt, in Baumwolldecken gehüllt, eng beieinander, um sich gegenseitig zu wärmen. Zwei kleine Kinder liegen auf einer Matratze in der Nähe der Mutter. Ihr Husten hört sich gefährlich an. Zeqir erfasst die Situation mit einem Blick: Die Großfamilie friert. Der alte Holzofen scheint defekt zu sein. Und wo kein Ofen brennt und heizt, da kann auch nicht gekocht werden.

In diesen trostlosen Zustand ruft Pastor Zeqir hinein: »Leute, es ist ein Wunder passiert! Es ist Weihnachten! Jesus ist in Bethlehem geboren!«

Der alte Großvater, der eingehüllt auf einem alten Lehnstuhl in der Ecke der Wohnküche sitzt, stöhnt krächzend: »Von wem redet der Fremde?«

Die Eltern legen die dünnen Baumwolldecken zur Seite und stellen sich fragend vor Zeqir: »Was ist passiert?«

Doch Pastor Zeqir antwortet nicht, sondern stellt die beiden großen Kartons auf den Tisch. Aus Erfahrung weiß er: Die beste Predigt ist die, die du tust.

Die vier »gesunden« Kinder schauen mit großen Augen die Eltern an: »Was tut dieser Mann hier bei uns? Was ist in diesen Kartons, die er mitgebracht hat?« Der Familienvater kennt den stadtbekannten Pastor und reicht ihm die Hand: »Sie kommen zu uns?«

»Ja, schaut, was ich euch zum Weihnachtsfest bringe – aus Deutschland.«

»Aus Deutschland?«, fragt die Mutter – wie aus der Kälte erwachend – leise vor sich hin.

»Aber Zeqir, das geht doch nicht. Sie können doch nicht zu Ihrem großen Festtag uns beschenken. Sie wissen doch, wir sind Muslime«, meint Hassan, der Familienvater.

»Ich weiß. Aber das spielt doch keine Rolle. Ihr werdet die mitgebrachten Sachen gut gebrauchen können. Außerdem: Waren nicht auch deine Vorfahren, bevor die Türken vor 500 Jahren unser Land besetzten und den Islam einführten, alle miteinander Christen? Das ist dir doch bekannt, oder?«

Hassan nickt.

»Und Jesus …?«

Pastor Zeqir öffnet bereits das erste Paket. »Jesus ist für alle Menschen geboren, damit endlich Friede auf Erden wird – und ... damit sein Friede auch in eurem Hause wohne – und in eurer Familie sei und bleibe. Ja ... Jesu Friede sei mit euch. Für immer.«

Die vier Kinder sind außer Rand und Band. Sie schreien förmlich ihre Freude heraus.

»Mutter, schau! Dieser schöne Rock. Er ist mir zu groß. Aber er passt Hyda!«

»Diese Socken sind für Großvater!«

Zeqir hält einen warmen Pullover hoch: »Hassan, der passt dir!«

»Ja, ja! Papa, der ist für dich!«, rufen die beiden Jungs.

Was kommt nicht noch alles zum Vorschein: Kinderunterwäsche, zwei Pullover, Schuhe und warme Strümpfe, zwei Kinderjacken. Unten im Paket liegt eine warme Wolldecke. Die Mutter breitet sie aus, betrachtet sie mit prüfendem Blick und streicht über den Flausch, um dann die Decke behutsam auf die hustenden Kinder zu legen, die mit hochroten, fiebrigen Köpfen von ihrer Matratze aus zuschauen, wie sich innerhalb kurzer Zeit die kalte Wohnküche in ein Kinderparadies verwandelt hat.

»Warum brennt kein Feuer bei euch?«, fragt der Pastor. Der Familienvater bleibt wie angewurzelt neben Zeqir stehen und antwortet nicht.

»Hassan, sag dem Fremden die Wahrheit«, krächzt Großvater aus seiner Ecke – so laut er kann. »Der Ofen ist uralt und fällt fast auseinander. Das gute Stück habe ich aus den Trümmern unseres Hauses hervorgebuddelt, als die Serben 1999 den Stall und das Wohnhaus mit ihrer Artillerie zerstört haben!« Großvater ballt die Fäuste: »Diese Serben! Diese Christen! Diese Halunken! Der Ofen ist unbrauchbar. Nun können wir ihn schon im zweiten Winter nicht mehr heizen. Und außerdem …« Großvater ringt nach Luft. »… außerdem fehlt uns in diesem Winter das Brennholz. Dafür hatten wir kein Geld. So – das ist die Wahrheit!«

Bedri, der älteste Sohn, stellt sich zu seinem Vater, als müsse er ihm beipflichten: »Unser Vater ist nämlich schon mehr als ein halbes Jahr arbeitslos.«

»Unsere Kinder hungern – und frieren. Seit Wochen«, schluchzt die Mutter durch die Schürze, die sie sich nun vors Gesicht hält, weil sie sich ihrer Tränen schämt.

Das zweite Paket enthält Trockenerbsen, Margarine, Reis und Haferflocken, Wurst und Käse, reichlich Speiseöl und Mehl. Sogar einige Schokoriegel sind dabei – ein Schmaus!

Pastor Zeqir zieht aus seinem Mantel für jedes Kind ein Heftchen und legt sie in die Hände der sechs Kinder.

Obschon die Dämmerung die Wohnküche in ein leichtes Dunkel einhüllt, buchstabiert Bedri, der älteste Sohn: »Die erste Weihnacht – von Gerhard Jan Rötting«.

Ich schrieb dieses Heft, weil muslimische Kinder meistens nicht wissen, was in Bethlehem geschah. Weihnachten – das sind ja nicht die glitzernden Goldkugeln, das silbrige Lametta oder die elektrischen Lichterketten. »Weihnachten« heißt: Jesus, der Sohn Gottes, ist in einer Stallgrotte geboren. Er wollte arm sein, um allen Menschen zu zeigen: Niemand muss reich sein, um sich durch ihn retten zu lassen. Jeder kann kommen, um für sein Leben die wunderbare Hoffnung zu haben: Gott rettet diese Welt, weil er alle Menschen liebt.

Nun blättern die kosovarischen Kinder eifrig in diesem Heft und vergessen es nicht, sich bei Pastor Zeqir für das Büchlein zu bedanken. Der fünfzehnjährige Bedri sagt leise vor sich hin: »Die erste Weihnacht – in unserem Hause.«

Hyda, die große Tochter, hat inzwischen in der Wohnküchenecke den wunderschönen, passenden Rock angezogen. Sie stellt sich vor Pastor Zeqir: »Schauen Sie, dieser Rock passt mir genau. Ich bin glücklich und bedanke mich besonders für die Hefte, die Sie mitgebracht haben. Der Titel passt zu uns, denn Sie haben die erste Weihnacht in unser Haus gebracht.«

Die Eltern nicken zustimmend und freuen sich unverhohlen mit den beschenkten Kindern über die guten Gaben aus Deutschland.

Doch plötzlich ist Pastor Zeqir weg. Die Mutter merkt es zuerst. Für einen Augenblick sind alle betroffen, denn er ist gegangen, ohne sich zu verabschieden.

»Ich wollte mich doch noch bei ihm bedanken«, meint sie.

Pastor Zeqir eilt mittlerweile durch den Schnee nach Hause. Ihn bewegt ein Gedanke – ein großer Plan.

Daheim hat er ein Kästchen, in dem er sein Bargeld aufbewahrt.

Als er reinschaut, sieht er die 400 Euro, die Mission »Ost-West« ihm für den Dezembermonat überwiesen hat. Diese Hilfe, die monatlich aus Deutschland kommt, muss für seine vierköpfige Familie reichen. Aber als er das Geld in die Hände nimmt, hört er innerlich, was Gott ihm zu sagen hat: »Du solltest handeln. Frage die anderen Pastoren und Diakone, ob sie damit einverstanden sind, dass ein Ofen für die frierende Familie mit den beiden sehr kranken Kindern angeschafft werden kann. Und auch ein Stapel Brennholz dazu.«

»Hab Dank, Herr Jesus, dass du so konkret mit mir redest! Ich spreche sofort mit den Pastoren und Diakonen.«

Zwei Stunden später gleiten von Istog aus zwei Schlitten durch den Schnee, die von dem jungen Diakon Arilot und Pastor Zeqir gezogen werden. Auf einem der Schlitten liegen der Holzherd und das Ofenrohr. Auf dem anderen ein Riesenstapel Brennholz.

Es ist bereits dunkel, als die beiden Brüder an die Tür der niedrigen Hütte klopfen. Als Hassan, der Familienvater, Pastor Zeqir draußen vor der Tür erkennt, entgleitet ihm ein Seufzer der Erleichterung: »Pastor Zeqir, wir haben vor Stunden nicht gemerkt, dass Sie gegangen sind. Wir haben uns Sorgen gemacht, wo Sie geblieben sind, denn wir haben zwar Ihre Fußstapfen im Schnee gesehen, aber wir wussten nicht, warum Sie uns ohne Abschiedsgruß verließen. Da bin ich erleichtert, Sie nun zu sehen.«

Hassan ergreift die Hand von Zeqir und zieht ihn in die Hütte. Das geht alles so schnell, dass Zeqir keine Zeit bleibt, den Schnee von seinen Schuhen abzuschütteln. Die Kinder scharen sich mit Freudenrufen um den Pastor, und Zeqir blickt von einem zum anderen:

»Als ihr Kinder euch für ›die erste Weihnacht‹ in eurem Hause so herzlich bei mir bedankt habt, da hatte ich plötzlich einen Gedanken, den ich mit den anderen Pastoren und Diakonen in der Gemeinde besprechen musste. Ich habe ihnen von euch erzählt: vom Großvater, von euren Eltern, euren beiden kleinen Geschwisterchen, die mit Lungenentzündung auf der Matratze in der kalten Wohnküche liegen – und wie ihr alle friert. Und was haben wir einstimmig beschlossen? Euch einen neuen Holzofen zu bringen. Und da ich vom Großvater hörte, ihr habt kein Brennholz, da hat Arilot einen Holzvorrat für euch eingekauft.«

Die ganze Familie ist für einen kurzen Augenblick sprachlos, doch dann bricht ein ohrenbetäubender Jubel bei den Kindern los:

»Es ist Brennholz gekommen!«

»Bald gibt es Feuer bei uns!«

»Es gibt einen neuen Holzofen!«

Zeqir zieht ein Päckchen Kerzen aus der Tasche. Eine nach der anderen zündet er an und stellt sie in der Wohnküche auf.

Seit Wochen hat die Familie keinen Strom. Wegen der Arztkosten für die beiden kleinen kranken Kinder konnte die Stromrechnung nicht bezahlt werden: Die Leitung wurde gekappt. Nun ist der ganze Raum ausgeleuchtet und die ganze Familie staunt über den feierlichen Glanz im Haus.

Der älteste Sohn, Bedri, drückt Zeqir still die Hand und sagt dann: »Nun ist es wirklich Weihnacht bei uns. Der helle Schein leuchtet sogar alle Ecken aus. War es im Stall von Bethlehem heller, als die Engel ›Ehre sei Gottes in der Höhe‹ gesungen haben – wie es in dem geschenkten Heftchen steht? Ich glaube es nicht. Und da es nun hell bei uns geworden ist, lese ich euch die ganze Geschichte aus dem Büchlein vor, das wir geschenkt bekommen haben.«

Während Bedri mit kräftiger Stimme liest, damit auch Großvater jedes Wort mithört, macht sich Diakon Arilot daran, den Holzofen aufzustellen und das mitgebrachte Ofenrohr anzuschließen.

Als Hassan, der nun glückliche Familienvater, nach einer halben Stunde das Holz im neuen Ofen anzündet, beugt sich die Mutter tief vor unseren beiden Mitarbeitern:

»Nehmt unseren herzlichen Dank, Pastor Zeqir und Arilot! Ihr habt uns Kleidung und Essen gebracht. Ich konnte nicht ahnen, dass Sie noch einmal kommen würden, um unsere Stube warm zu machen. Nun ist wirklich die Heilige Nacht bei uns eingekehrt.« Sie will die

Hände von Zeqir küssen, was dieser aber dadurch abwenden kann, indem er die Hände in seinen Manteltaschen verschwinden lässt.

Aus der Wohnküchenecke hören unsere Brüder die krächzende Stimme des Großvaters, in der Freude mitschwingt:

»So was habe ich in meinem Leben noch nie erlebt. Wir haben die Liebe Gottes durch euch erfahren. Und wenn es nun auch noch warm in unserer Wohnküche wird, dann …«

Weiter kann der Großvater nicht reden. Er zieht seine nasse Nase hoch, greift nach einem alten Tuch, um sich die Tränen zu trocknen und die Nase zu putzen. Für einen kurzen Augenblick ist es ganz still in der Wohnküche, weil alle Großvater anschauen. Er schluchzt und sagt dann weinend: »Seit ich hier wohne, habe ich stets gesagt: Durch unsere Haustür kommt kein Christ in unser Haus. Und heute …« Wieder benutzt er das alte Tuch, um seine Tränen abzuwischen: »… heute habt ihr Christen Weihnachten zu uns gebracht. Ich habe die Geschichte aus dem Heft gehört, das du, Zeqir, uns gebracht hast. Der Stall von Bethlehem ist jetzt hier. Jesus ist geboren. Ich sehe, wie hell es in meiner Familie geworden ist – durch euch! Heute ist Bethlehem bei uns zu Hause. Gottes Liebe hat mich erreicht …« Weiter kommt Großvater mit seiner Rede nicht, denn seine Stimme erstickt in dem alten Lappen, den er sich vor den Mund hält.

Alle schauen in die Ecke zum Großvater. Seine Worte bewegen die Herzen der Kinder und der Eltern.

Hyda, die älteste Tochter, bricht das Schweigen und geht auf Zeqir zu: »So einen Rock habe ich noch nie angehabt. Darf ich mich bei dir bedanken?«

Zeqir streicht dem Mädchen über das schwarze Haar. »Hyda, am besten ist, du bedankst dich beim Heiland Jesus. Denn es ist sein Geschenk und seine Liebe, die es zuwege brachte, dass deutsche Freunde dir den Rock schenkten.«

»Ja«, meint die Mutter, »danke für alle Kleidungsstücke, die warme Wolldecke und den Karton mit Lebensmitteln.« Die ganze Familie steht im Kreis um Zeqir. Nur Großvater ist in seiner Ecke geblieben und weint immer noch leise vor sich hin. Aber auf allen Gesichtern leuchtet Dank. Es ist ganz still in der Wohnküche. Nur ein Geräusch ist deutlich zu hören: Das Wasser, das im Kessel auf dem Holzofen steht, fängt an zu kochen.

»Ja, das ist das größte Geschenk … die Liebe!«, ruft Großvater aus seiner Ecke.

Pastor Zeqir reicht Hausvater Hassan beide Hände: »Hassan, sei mit deiner ganzen Familie in Jesu Namen gesegnet. Für immer.«

Es ist ein Klopfen an der Haustür zu hören. Als Hassan die quietschende Tür öffnet, steht sein Schwager Bekim mit einigen Nachbarn da, zieht die Augenbrauen hoch und fragt: »Du weißt, dass dein Sohn Bedri zu mir gekommen ist und mich gebeten hat, ihm Streichhölzer zu geben?«

Ohne eine Antwort abzuwarten, erzählt er weiter: »Ich fragte ihn: ›Willst du ein Feuer machen?‹

Und er meinte glücklich: ›Wir haben heute einen neuen Ofen bekommen.‹

›Einen neuen Ofen? Das ist doch unglaublich. Von wem? Habt ihr Freunde, die ich etwa nicht kenne – die euch geholfen haben?‹

›Onkel, die Christen aus Istog sind gekommen und haben …‹

›Christen … bei euch? Bedri, du hältst mich zum Narren oder du machst jetzt einen Witz.‹

›Wirklich, Onkel, so ist es. Gibst du mir nun ein paar Streichhölzer? Nachher, wenn der Ofen brennt, dann kommst du, um dich zu überzeugen, nicht wahr? Dann feiern wir zusammen die ›erste Weihnacht‹ in unserem Haus.‹

›Weihnachten? Bedri, das kann nicht sein. Denk an deinen Großvater. Der wird das niemals erlauben. Aber wenn ich aus eurem Schornstein den ersten Rauch aufsteigen sehe, dann klopfe ich an eure Haustür. Und ich bringe einige Nachbarn mit. Die werden dir den Hintern verhauen, wenn du gelogen hast!‹«

Hasan öffnet nun die Haustür ganz weit für die frierenden Nachbarn:

»Kommt alle herein, ihr Männer. Bedri, mein Sohn, hat genau das erzählt, was sich heute bei uns zugetragen hat: Wir feiern Weihnachten, die erste Weihnacht in unserem Haus!«

Als die Nachbarn und Verwandten in die Wohnküche eintreten, spüren sie die wohltuende Wärme, schauen erstaunt den neuen Holzofen an, sehen auch Pastor Zeqir und Diakon Arilot, gehen aber schnurstracks auf den Großvater zu:

»Hat dein Enkel die Wahrheit gesagt?«

Großvater nickt.

»Wir sind gekommen, um es genau zu erfahren, was heute bei euch passiert ist.«

Über Großvaters Gesicht huscht ein schelmisches Lächeln:

»Ihr habt wohl bei uns nicht mit einer warmen Küche gerechnet?«

»Nein, das haben wir wirklich nicht«, meint ein Nachbar. Ein anderer sagt es laut: »Diese Wärme kommt nicht vom neuen Ofen, sondern das ist eine andere Glut.« Der Nachbar hat sich direkt vor Arilot gestellt: »Sag mir, was ist das für eine Wärme?«

Diakon Arilot antwortet: »Es ist die Liebe, die in diesem Hause heute eingezogen ist.«

Und Pastor Zeqir ergänzt: »Gottes Liebe ist die eigentliche Wärme, die uns allen wohltut.«

Bald sitzen alle um den wärmenden Holzofen.

Der Pastor erzählt eine Geschichte nach der anderen aus dem Evangelium. Auch sein persönliches Zeugnis beeindruckt seine Zuhörer nicht weniger als die Worte aus der Bibel. »Es ist Jesus, der mein Leben völlig veränderte. Er berührte mein stolzes, egoistisches Herz und bewegte es, mich fortan für andere einzusetzen und für sie da zu sein. Er wirkte Versöhnung zwischen meinen verfeindeten Nachbarn und mir. Er schenkte mir seine göttliche Liebe – in Fülle. Jeder, der diese göttliche Liebe braucht – und ein für alle Mal akzeptiert, der ist Gottes Kind.«

Einer von Hassans Nachbarn macht sich über den Glauben von Pastor Zeqir ein wenig lustig und will ihn mit seinen Fragen in Verlegenheit bringen:

»Zeqir, wir kennen dich schon lange. Du warst Professor an der Hochschule und wohnst immer schon in Istog. Wir haben bemerkt, wie dein Leben sich zum Guten gewendet hat. Glaubst du wirklich, dass du einmal ins Paradies kommen wirst?«

Zeqir schaut ihn lachend an: »Du sagst es! Ja, ich freue mich auf das göttliche Paradies!«

»Dann gehörst du also zu den Auserwählten?«

»Ja, selbstverständlich.«

Der Nachbar wartet einen Augenblick, schaut in die Runde und fragt zögernd: »Und ich – werde auch ich zu den Auserwählten gehören?«

Zeqir will gern antworten, was er im Neuen Testament übers Paradies und Gottes Ewigkeit gelesen hat, aber er möchte nicht, dass der muslimische Nachbar sich gekränkt oder herabgesetzt fühlt.

Im Stillen betet er: »Himmlischer Vater, jetzt brauche ich Weisheit, um richtig antworten zu können. Du legst jetzt deine besondere Weisheit in meinen Mund. Das glaube ich dir.«

Dann erst antwortet er: »Nachbar, ich glaube nicht, dass Jesus jemanden auserwählt, der sich nicht bei ihm bewirbt.«

Eine Weile schweigen alle. Der Nachbar steht auf, um Zeqir die Hand zu reichen: »Bisher habe ich dem Christen-Gott den Rücken zugewandt. Das war töricht. Professor Zeqir, ich verspreche dir: Ich werde mich bei Jesus bewerben. Nach dem, was ich hier im Hause heute gesehen und erlebt habe, weiß ich, dass euer Gott existiert. Er liebt uns. Auch mich.«

Zeqir hält noch immer die ausgestreckte Hand des Nachbarn fest: »Du hast richtig entschieden! Bewirb dich bald!«

Für muslimische Leute ist das neu, was in der ersten Weihnacht passiert ist – damals in Bethlehem. Doch jetzt sehen sie: Da besteht eine Verbindung zwischen der Geburt Jesu im Stall von Bethlehem und der warm gewordenen Wohnküche – mit den glücklichen Menschen darin.

He, ihr Fensterputzer, denkt an Weihnachten!

2

Manchmal werde ich gefragt: Wie kamst du ausgerechnet nach China? Einzelheiten sollte man besser nicht sagen, um die Christen in China nicht zu »verraten«. Sie brauchen Schutz vor dem Zugriff der kommunistischen Autoritäten, die überall ihre Späher haben. »Auf Umwegen über Hong Kong« gebe ich meistens zur Antwort, und das stimmt. Wichtig ist, dass ich ins »Reich der Mitte« von chinesischen Brüdern eingeladen worden bin. Zudem: Einen vollen Rucksack mit Neuen Testamenten in chinesischer Sprache habe ich ins Land geschmuggelt und unterrichte »im Untergrund« etwa vierzig junge Männer, die sich zu Pastoren ausbilden lassen.

Christ zu sein in China ist vom kommunistischen Staat alles andere als erwünscht.

Auf dem Gehweg geht es nicht vorwärts. Vor einem großen Hotel hat sich eine kleine Menschenansammlung gebildet, die zum fünften Stockwerk hinaufschaut, wo an der Glasfront eine Plattform schaukelt. Fensterputzer benutzen solche Plattformen, um – Stockwerk für Stockwerk – die Glasscheiben zu reinigen. Als ich genauer hinschaue, sehe ich deutlich: Die Plattform bewegt sich deshalb, weil sich die zwei Fensterputzer darauf heftig streiten. Sie haben ihre Gummiwischer in die Eimer geworfen. Ihr Wortgefecht wird immer heftiger und lauter. Bleibt es nur bei Worten? Oder werden die beiden Streithähne auf dem engen Raum der Plattform und in dieser schwindelerregenden Höhe von 15 Metern gleich aufeinander losgehen? Die Fußgänger bleiben neugierig auf dem Bürgersteig stehen, um zu sehen, wie dieser Streit unter Kollegen endet. Sie tuscheln miteinander und rätseln, was gleich passieren wird. Ängstlich schauen die meisten in die Höhe.

Im Strom der Radler auf der Hauptstraße zeigen einige Fahrer mit ausgestreckten Armen kurz auf das Geschehen: Die Plattform schwankt gefährlich – und sie radeln weiter.

Was mache ich? Auch nur zuschauen?

Das dunkle Glas des Hochhauses ist bläulich gefärbt, um den starken Sonnenstrahlen keinen Eingang zu gewähren. Doch das bläuliche Fensterglas ist zugleich wie ein Spiegel: Jedermann kann dadurch jede Bewegung sehen, die auf der

Plattform geschieht. Es trieft mir der Schweiß vom Körper, obschon es erst kurz vor Mittag ist. Aber das Thermometer zeigt 40 Grad im Schatten an. Als einer der beiden Streithähne nach dem Gummiwischer greift, den er geschickt aus dem Wassereimer angelt, und seinem Kollegen damit droht, scheint es, dass die Phase des heftigen Wortgefechtes intensiver wird und in Handgreiflichkeiten auszuarten droht. Bevor Blut fließt, lege ich die Hände an meinen Mund, hole tief Luft und brülle, so laut ich kann:

»He, ihr Fensterputzer … denkt an Weihnachten!«

Wie ich just in diesem Augenblick an »Weihnachten« denken muss, ist mir unerklärlich. Spaßeshalber gebrauche ich in Deutschland manchmal diesen Standardsatz: »Denkt an Weihnachten!«, wenn irgendwo Unfriede herrscht. Aber jetzt? In dieser Hitze? Weihnachten?

Nach meinem Zuruf hört das Tuscheln der zuschauenden Fußgänger spontan auf. Viele von ihnen schauen mich, den fast zwei Meter großen Mann, an. Ich meine zu spüren, was so mancher Fußgänger denkt:

»Was hat der Mensch aus Europa da hinaufgebrüllt? War das Englisch? Nein, sicher nicht.« Noch mal hole ich tief Luft, um meinen deutschen Satz zu wiederholen:

»He, ihr Fensterputzer … denkt an Weihnachten!«

Meine Übersetzerin fragt mich: »Soll ich's übersetzen?«

Ich möchte das aber nicht, denn ihre piepsige Stimme wird kaum die 15-Meter-Höhe erreichen. Mal sehen, welche Wirkung mein Gebrülle auf die beiden Streithähne haben wird.

Der eine, mit dem Gummiwischer in der Hand, stoppt seinen ausholenden Schlag gegen seinen Kollegen, schaut über die Plattformbrüstung nach unten und ruft lautstark etwas mir Unverständliches herunter. Die schweigenden Fußgänger schauen mich an. Ich fühle mich angesprochen, weiß aber beim besten Willen nicht, was der wütende Fensterputzer gemeint hat. Auch die Übersetzerin hat es nicht verstanden. Mit meinem ausgestreckten Arm winke ich ihm, dass er herunterkommen soll.

Tatsächlich: Die beiden Streithähne haben ihre gegenseitigen Beschimpfungen eingestellt, schauen sich an und lassen die Plattform herunter. Ich erkenne, dass sie sich plötzlich einig sind. Unten angelangt, nehmen sie Kurs auf die wartenden Fußgänger, in deren Mitte meine Übersetzerin und ich uns befinden. Ich freue mich, gleich mit den beiden Fensterputzern sprechen zu können. Die Fußgänger beenden allmählich ihre gegenseitigen Gespräche. Es wird still in der Menschenmenge. Ahnen die Leute, was kommt? Sie bilden ein Spalier. Die beiden Streithähne schauen sich auf dem Weg zu uns noch einmal schweigend an. Sie haben sich nicht mehr gegenseitig im Visier: Wollen sie ihren Frust an mir ablassen? Mich verprügeln? Habe ich mich zu sehr in ihre »Arbeitsweise« eingemischt, die mich als Ausländer nichts angeht?

Die kleine Übersetzerin stellt sich ganz nahe zu mir. Ahnt sie Arges? »Pastor Rötting, die Männer wollen was von Ihnen«, flüstert sie mir halblaut zu, ohne ihr Gesicht mir zuzuwenden. Zehn Schritte von uns entfernt streckt einer von ihnen bereits seinen Arm aus. In der Hand hält er seinen Scheibenwischer. Noch sieben Schritte vor uns, noch vier, noch drei: Da bleiben beide plötzlich stehen. Die bereits gewachsene Fußgängermenge bildet einen Kreis um uns. Ich denke kurz daran, einfach durch die Menge zu verschwinden – an den Streithähnen vorbei, um in meine sichere Unterkunft zu gehen – nach dem Motto: Streit vermeiden. Doch innerlich höre ich nicht, dass der Heilige Geist mich anweist, den Platz zu verlassen.

»Du langer Ausländer, ja, dich meine ich.« Einer von ihnen, der mit dem Scheibenwischer in der Hand, weist direkt auf mich:

»Womit hast du uns beschimpft? Wage das Schimpfwort noch einmal zu sagen!«

»Ich habe euch beschimpft? Keineswegs!«, verteidige ich mich.

»Mische dich nicht in unsere Angelegenheiten!«, brüllt der andere Streithahn mich an und kommt einen Schritt näher auf mich zu. »Kümmere dich um eure eigene Politik!«

Schnell findet die Übersetzerin die Worte. Sie steht unerwartet wie eine Diplomatin zwischen den Streithähnen und mir. Ohne Furcht.

»Politik?«, frage ich.

In der Fußgängermenge brandet ein deutliches Gemurmel auf: »Es geht um Politik!« – »Der Ausländer ist Politiker!«

»Männer, es geht nicht um Politik, sondern um viel mehr!«

»Um mehr?«

»Um was denn?«, fragen beide Fensterputzer fast gleichzeitig.

»Es geht um Weihnachten.«

»Weihnachten?«

»Was ist das denn – Weihnachten ...?«

Ich merke: Die Gesprächsführung liegt nun bei mir.

»Herr Jesus, danke für alle Gedanken und Sätze, die du mir jetzt schnell zufließen lässt.« Meine Begleiterin kann gut und schnell übersetzen und übernimmt sogar meine Gestik.

»Weihnachten – wollt ihr es wirklich erfahren, was zu Weihnachten passierte?«

Die beiden Streithähne schauen sich an und nicken.

Die Fußgänger rücken enger zusammen. Jemand ruft: »Wir wollen es auch wissen.«

»Übersetzerin, sprich lauter. Wir hier hinten hören dich kaum!«

Welch gute Gelegenheit, von dem Weltgeschehen damals in Bethlehem vor diesen Leuten zu reden. Welche Chance! Mit kurzen

Sätzen die »Gute Nachricht« mitten auf dem Vorplatz dieses Hotels den achtzig oder gar hundert Chinesen zu verkündigen: Solche Gelegenheit bekomme ich so schnell nicht noch einmal. Doch wenn die allgegenwärtige Volkspolizei mich beim Predigen erwischt? Was dann, wenn sie mich verhaften?

»Weihnachten – das hat mit dem Mittelpunkt dieser Welt zu tun.

An diesem Mittelpunkt ist ein Kind geboren – gesund, aber ziemlich nackt. Kaum ist es geboren, tut sich der Himmel weit über dem Stall auf. Sind es hundert, sind es gar tausend Engel, die jetzt auf die Erde schauen, was dort gerade passiert ist? Sie tun ein Übriges und singen. Es ist ein Ehrengesang, weil Gott seinen Sohn als Baby auf diese Erde gelegt hat. Und dieses Kind hat einen wunderbaren Namen: Jesus …«

»Lauter, bitte, Übersetzerin! Wie heißt Gottes Sohn?«, ruft jemand aus der hinteren Reihe. Ich greife die Gelegenheit auf:

»Sein Name? Den kannst du dir merken, du wirst ihn noch brauchen. Er heißt Jesus. Er ist in seiner göttlichen Liebe uns Menschen herzlich zugetan. Dir übrigens auch.«

Die Zuhörer drängen sich immer näher an uns heran. Gleich werden sie mich zerdrücken oder zu Boden werfen, denke ich. Denn sie sind begierig, immer mehr zu hören. Da ich einen Kopf größer als sie bin, überblicke ich die hörende Schar, die nicht kleiner wird, sondern ständig noch wächst.

»Jesus schenkt uns die innere Kraft, uns mit anderen zu versöhnen! Deshalb habe ich den beiden streitenden Fensterputzern auf der Plattform zugerufen: ›Denkt an Weihnachten!‹ Wer Frieden braucht, der findet ihn bei Jesus. Du brauchst nur seinen Namen zu nennen – schon bist du mit ihm verbunden. Er wartet übrigens darauf, mit dir ins Gespräch zu kommen.«

»Und woher weißt du, Ausländer, von dieser Neuigkeit?«, ruft eine Frau. Ich habe noch einige Neue Testamente in chinesischer Sprache dabei. Die hole ich jetzt heraus.

»Diese ›Gute Neuigkeit‹ über Jesus, den Sohn Gottes, habe ich schriftlich. Hier ist ein kleines Büchlein. Wenn ihr es lest, verändert sich euer Leben. Völlig.«

Der eine Fensterputzer reicht mir die Hand und sagt mit lauter Stimme: »Du bist zwar ein

Ausländer. Aber ich habe den Eindruck, dass du unserem Volk wohlgesonnen bist. Das gefällt mir an dir. Ich werde das Büchlein lesen. Und kann ich es auch meinen Onkel zeigen? Er ist ein kluger Lehrer.« Ich stimme zu: »Natürlich!«

Als ich mich im Zimmer auf der Liege entspanne, kommt bei mir – trotz der ungeheuren Hitze – Weihnachtsfreude auf: Friede auf Erden – allen Menschen – an denen Gott Wohlgefallen hat …

Weihnachten im Februar

3

Irpin – eigentlich ein Vorort der Hauptstadt Kiew – ist ein Erholungsgebiet, das schon seit Jahrhunderten für sein gutes Klima bekannt ist. Ein Graf baute im 18. Jahrhundert am Rande der Stadt inmitten eines Waldgebietes seine Residenz, ein kleines Schlösschen, in dem auch Künstler Erholung fanden.

So war auch der Schriftsteller Boris Pasternak monatelang zu Gast in Irpin und schrieb im Schlösschen an seinem weltberühmten Roman »Doktor Schiwago«.

Auch die Kommunisten schätzten dieses schöne Anwesen, enteigneten kurzerhand den Fürsten und errichteten dann auf dem Waldgelände zwölf große Holzbaracken. Sie dienten als Unterkunft für ihre Funktionäre, die aus der ganzen Sowjetunion nach Irpin eingeladen wurden, um hier – parallel zur Erholung – im Marxismus-Leninismus geschult zu werden. Nach dem Verlust der autoritären Staatsmacht der kommunistischen Partei – der KPdSU – verlotterte das Waldgelände. Ebenso die hölzernen Wohnbaracken.

2001 wurde das sieben Hektar große Grundstück der deutschen Mission »Ost-West« zum Kauf angeboten. Mithilfe von Missionsfreunden verschwanden die modrigen Baracken, neue Seminargebäude entstanden in Eigenleistung. Das herrliche Waldgelände dient nun als Stätte der Verkündigung. Vielen Menschen wurde seitdem Glaubenskraft und Siegesmut hier geschenkt – zum Dienst in den schnellwachsenden Gemeinden in der Ukraine.

Luba, die junge Frau aus der Westukraine, ist eine von diesen Menschen, die im »Christlichen Lebenszentrum« in Irpin dieses Lebensglück fand.

Luba, die Mittdreißigerin, schleppt sich wie geschlagen durch den Neuschnee nach Hause: Sie kann es nicht fassen! In ihrer Manteltasche knistert ein Papier. Es ist das Entlassungsschreiben der Firma. Mehr als zehn Jahre war sie als Näherin beschäftigt. Und nun? Keine Arbeit mehr haben? Das heißt doch nichts anderes als »Du wirst nicht mehr gebraucht. Du kannst gleich nach Hause gehen.«

Es schneit heftig. Die Flocken fallen ihr ins Gesicht und mischen sich mit ihren Tränen. »Arbeitslos« dröhnt es in ihrem Kopf. Heute ist der vierte Dezember. Weihnachten steht vor der

Tür. Auf dem Heimweg werden ihr die Schritte schwer und schwerer. Wenn sie daheim ist, wird sie sich im Wohnzimmer eine Stunde auf das Sofa hinlegen – ausruhen und überlegen, wie sie ihre Entlassung Slawa, ihrem Mann, schonend beibringen könnte.

Lubas Schritte im tiefen Schnee werden immer langsamer. Wie gut, dass sie es nicht mehr weit bis zu ihrer kleinen Zweizimmerwohnung hat.

In der Ukraine gibt es keine Arbeitslosenversicherung, die wie ein soziales »Polster« funktioniert, wenn jemand seine Arbeitsstelle verliert und vorerst ohne Verdienst auskommen muss.

Mühsam nimmt sie die Treppenstufen bis in den dritten Stock, wo sich ihre Wohnung befindet.

Als Luba den Haustürschlüssel umdreht, schallt ihr – noch bevor sie die Wohnung richtig betreten hat – lautes Frauenlachen entgegen.

»Habe ich heute Morgen vergessen, das Radio auszuschalten?«, fragt sie sich. Zwischen dem hellen Lachen vernimmt sie eine tiefe Männerstimme, was sie schockt: »So spricht Slawa!« Die kreischende Frauenstimme wird durch seine Worte angeheizt. »Was spielt sich da im Schlafzimmer ab?« Luba ahnt nichts Gutes. Denn keine ihrer Freundinnen oder der Nachbarinnen kann es sein: Keine von ihnen würde mit ihrem Slawa anbändeln oder eine Affäre beginnen, keine von ihnen hat eine solch kreischende, aufwühlende Stimme. Keine von ihnen würde mit Slawa ins Schlafzimmer gehen! Vor Schreck rutscht ihr der Haustürgriff aus der Hand. Luba erschreckt selber über den lauten Knall, mit dem die Haustür ins Schloss fällt.

Im Schlafzimmer bricht abrupt das Liebeslachen ab – es ist für Sekunden ganz still in der Wohnung.

Müsste Slawa jetzt nicht bei der Arbeit sein? Und wenn er jetzt zu Hause ist – wie dringend bräuchte Luba jetzt das Gespräch mit ihrem Mann! Zu gern hätte sie die Kündigung in der Firma mit ihm besprochen.

Halb angekleidet tritt Slawa aus dem Schlafzimmer und schließt schnell die Tür hinter sich:

»Luba, warum kommst du so früh von der Arbeit? Bist du krank geworden? Was ist los?«

Slawa schaut über sie hinweg – irgendwie ins Leere, wo kein Halt ist.

»Was los ist?«, fragt Luba leise und doch bewegt. »Das will ich dich gerade fragen.«

Als Luba ins Schlafzimmer gehen will, versperrt Slawa ihr den Weg. Es kommt zu einem Handgemenge vor der Tür. Luba kann sich für einen kurzen Augenblick Slawas starken Händen entreißen und ergreift die Türklinke des Schlafzimmers. Doch Slawa holt aus und trifft sie ins Gesicht – erst links, dann rechts. Sich duckend entwischt Luba den weiteren Schlägen, flieht ins Wohnzimmer und dreht schnell den Schlüssel um: Hier fühlt sie sich sicher.

Während Slawa mit seinen Fäusten heftig auf die Wohnzimmertür trommelt und sie mit Schimpfworten traktiert, kniet Luba am Sofa nieder, um ihre Herzensnot vor Gott auszubreiten: »Lieber himmlischer Vater, steh uns nun mit deiner Kraft bei. Mit deinem Rat. Mit deinem Sieg. Mit deiner Güte! Mit deinem Erbarmen!«

Als sie vor anderthalb Jahren zum lebendigen Glauben an den auferstandenen Herrn Jesus kam, nahm sie das Wohnzimmer für ihre Gebetszeiten in Anspruch, die sie »Audienzen« nennt und die sie regelmäßig mit Gott pflegt. Und sie hat in den letzten Monaten mit dem himmlischen Vater viel auch über Slawa geredet, der den Glaubensschritt zu Jesus nicht schaffte. Er versuchte wiederholte Male zu beten. Aber er vermochte es nicht, den Namen »Jesus« auszusprechen, und schien wie an finstere Mächte gebunden, ja gefesselt. Gab es alte »Bindungen«, die er vor Gott nicht hergeben und nicht loslassen wollte? Die Gebete, die Slawa sprechen wollte, erstickten auf seinen Lippen.

Jetzt, wo ihr Mann im Flur tobt, bleibt Luba auf ihren Knien, um betend dem »Herrn der Herrlichkeit« ihr Vertrauen zu schenken. Es mag eine halbe Stunde vergangen sein, als Luba ein dickes Schreibheft in die Hand nimmt, in dem sie in den letzten Monaten mehr als vierzig Gedichte schrieb, die sie bei den »Audienzen« vor Gott empfangen hat. Nun blättert sie darin.

Ja, sie liebt Gott von Herzen. Und nun, was kommt jetzt?

Sie hört, wie die Fremde und Slawa in der Küche ein Mittagessen bereiten – mit viel Schäkern und Lachen.

In den nun folgenden Tagen muss Luba mit der Fremden, die jetzt die Geliebte ihres Mannes ist, die kleine Wohnung teilen. Die Fremde denkt nicht daran, aus der Wohnung auszuziehen. Mehrmals am Tag treffen sich die Frauen in der Küche oder auf dem Flur, während Slawa bei der Arbeit ist.

Am Wochenende lässt Slawa es Luba im Vorübergehen auf dem Flur wissen:

»Ich mag deine Frömmigkeit nicht!«

Als er eines Abends von der Arbeit gekommen ist, faucht er Luba an: »Verschwinde, du Hässliche! Ich habe mich gegen dich und deinen Gott entschieden.«

Die häusliche Atmosphäre kann nicht frostiger sein.

Die Fremde lässt es Luba deutlich spüren: Nichts, aber auch gar nichts hat Luba in der Küche verloren. Die Nudeln und das Gemüse, das Salz und die Zwiebeln, alle Lebensmittel, die Luba neulich einkaufte, werden ihr von der Fremden aus der Hand gerissen, ohne ein Wort zu verlieren. Und am Kochherd wird Luba regelrecht verdrängt.

Klingelt das Telefon im Flur, springt die Fremde schnell hinzu, um den Hörer abzunehmen. Ist das Gespräch für Luba, reicht sie den Hörer wortlos an sie weiter, bleibt aber in ihrer Nähe stehen. Ist das Telefonat beendet, reißt die Fremde den Hörer aus Lubas Hand und legt ihn auf den Telefonapparat.

Luba ist auf sich selbst gestellt: Sie kocht für sich, sie isst allein. Sie ist nicht in der Lage, mit irgendjemandem zu reden. Beim Einkaufen sieht sie: Das Geld geht mir aus. Und – Weihnachten rückt Tag um Tag näher. Nach jedem Einkauf zählt sie das verbliebene Geld, denn es muss ja so viel übrig bleiben, dass es für die Fahrkarte zur Mutter reicht.

Vier Tage vor Weihnachten packt Luba eine kleine Plastiktüte mit ihren Sachen. Es wird ihr von der fremden Frau nicht erlaubt, ins Schlafzimmer an den Kleiderschrank zu gehen, um ihre Unterwäsche, die warme Kleidung und den Wintermantel herauszunehmen. Nur was sie am Leibe trägt, ist ihr geblieben.

Für einen Augenblick bleibt sie an der Wohnungstür stehen. Es wird ihr – ohne Bitterkeit im Herzen – bewusst, dass ihr in der Wohnung nichts mehr gehört. Alles teilt Slawa mit der Fremden. In diesem Augenblick lässt sie bewusst alles, was sie hier besessen hat, los – alles, was Slawa und sie in mühseliger Arbeit erworben haben – jahrelang. »Aber das Schönste, was mir geblieben ist, können die beiden mir nicht nehmen: Meine Liebe zum himmlischen Vater, die in den letzten, schweren Wochen nicht weniger wurde, sondern gewachsen ist.«

Kurz schaut Luba um sich, schließt dann für einige Sekunden die Augen und spricht leise: »Danke, Herr Jesus – auch wenn es kein Zurück geben sollte!« Erst dann schließt sie bedächtig die Wohnungstür hinter sich zu.

Die Tage bei ihrer Mutter lindern zwar nicht den Schmerz, aber Luba freut sich auf den Weihnachtsgottesdienst.

Als sie die Kirche betritt, ist Luba plötzlich unsicher: »Schauen mich die Leute fragend an, weil alle davon gehört haben, was mir passiert ist? Wissen alle Gemeindeglieder über mich Bescheid?« Der Gottesdienst ist gut besucht. Sie sucht einen Sitzplatz und findet ihn in der vordersten Reihe – ganz rechts, direkt unter der Kanzel.

Das Singen des Chores rauscht aber an ihr vorbei. Ebenso die Predigt, die ihr Herz nicht erreicht. Es scheint, dass Weihnachten in diesem Jahr für sie nicht stattfindet. Sie stiert auf die großen Buchstaben an der Stirnwand im Kirchenraum: »Gott ist Liebe« – bis ihr die Augen wehtun. Aber diese drei Worte lösen heute keine Freude aus. Doch dann hört sie innerlich: »Erwarte nichts von Menschen! Erwarte nicht, dass jemand sich für deine Lage ernstlich interessiert! Gib mir als Geschenk dein Selbstmitleid!«

Diese Sätze stellen ihr Gottes Güte vor Augen. Irgendwie ein bisschen so, als kämen diese Worte direkt vom Himmel.

Sie wird aus ihren Gedanken aufgeschreckt, als der Gottesdienst längst beendet ist und sie allein in der Kirche sitzt. »Herr Jesus, ich habe verstanden«, sagt sie im Stillen. »Ich habe deine Güte verstanden!«, wiederholt sie halblaut und geht langsam zur Kirchentür.

Am späten Montagnachmittag dieses kalten Februartages klingelt das Telefon. Die Mutter reicht den Hörer an ihre Tochter Luba weiter.

»Hier ist Nadja Komendant aus Irpin. Luba, ich hörte, was passiert ist, und dass du Zuflucht bei deiner Mutter gefunden hast.« Luba drückt den Telefonhörer noch fester an ihr Ohr, denn sie möchte von den guten Worten, die Nadja Komendant sagt, keines verlieren. »Luba, morgen beginnt im Christlichen Lebenszentrum in Irpin eine Frauenkonferenz. Wir werden über Sorgen und Probleme sprechen, wie du sie jetzt durchmachst. Ich lade dich dazu ein. Es haben sich bereits viele Frauen angemeldet. Aber für dich ist in Irpin immer ein Platz ...«

Der wochenlange Druck in Lubas Herz löst sich von Sekunde zu Sekunde. Schnell verinnerlicht sie: Ich bin eingeladen. Zur Frauenkonferenz. »Nadja, hörst du mich? Ich komme nach Irpin. Morgen. Danke für die Einladung.«

Zuerst holt Luba zwei, drei Mal tief Luft. Dann erfüllt sie Dank für diese Einladung, die ihr wie ein zugeworfener Rettungsring vorkommt.

»Kind, Luba, hast du Nadja Komendant gesagt, dass wir das Geld für die Fahrt nicht haben?«

Luba schüttelt den Kopf: »Mama, das habe ich vor Freude völlig vergessen, ihr zu sagen. Trotzdem ...« Sie umarmt ihre Mutter und drückt sie herzlich: »... trotzdem bin ich mir sicher: Der himmlische Vater wird Wege finden. Ich kenne sie zwar nicht. Aber, liebe Mama, ich vertraue Gott. Völlig.«

»Das wollte ich hören«, sagt die Mutter lachend und umarmt ihre Tochter herzlich.

Die Nachtzüge fahren jeden Abend von der Kreisstadt in Richtung Kiew, wo sie morgens in der Frühe eintreffen. Für diese Nachtzüge brauchen die Reisenden eine Platzreservierung, die mindestens zehn Tage vor Reisebeginn – zusammen mit der Fahrkarte – gekauft werden muss. Sonst bekommt man keinen Platz.

Luba steht schon auf dem kalten Bahnsteig, als der Zug einfährt. Die Reisenden drängen zu den Türen der Waggons, in denen sich ihre Platzreservierung befindet. Die Schaffner kontrollieren vor dem Einsteigen in den Zug sowohl die Fahrkarte als auch die Platzreservierung der Reisenden.

Der Bahnsteig ist fast leer, als Luba zu einem der Schaffner geht: »Ich habe morgen einen wichtigen Termin in der Nähe von Kiew.«

»Da sind Sie am richtigen Zug. Zeigen Sie mir die Fahrkarte und die Platzreservierung«, meint der ältere Schaffner mit einem offenen Lächeln.

»Das ist es eben: Ich habe weder das eine noch das andere. Ich habe vor ein paar Stunden eine Einladung zu einer Frauenkonferenz bekommen. Telefonisch.«

Während Luba noch redet, schüttelt der Schaffner beharrlich den Kopf.

»Wissen Sie, die Einladung hat mich in einer bösen Lage erwischt. An dieser Konferenz teilzunehmen, das ist lebenswichtig für mich!«

Sie sieht erst jetzt, wie der Schaffner unentwegt seinen Kopf hin und her bewegt – und zwar immer stärker, sodass ihm seine Dienstmütze fast vom Kopf zu fallen droht.

»Weder Reservierung noch eine Fahrkarte – dann wird es mit dem Einsteigen nichts.«

»Bitte, wenn Sie es irgendwie möglich machen können, dann lassen Sie mich mitfahren.«

Der Schaffner schaut auf die große, elektrische Bahnhofsuhr. Der rote Sekundenzeiger hüpft von Sekunde zu Sekunden zur Abfahrtminute weiter.

»In den Wochen vor und nach Weihnachten ging es bei mir wie durch eine Schneewüste. Das war eine eisige Tragödie. Die Frauenkonferenz, die morgen anfängt, erscheint mir wie eine rettende Oase. Bitte …«

Über den Lautsprecher wird die Abfahrt des Nachtzuges nach Kiew angekündigt: »Bitte einsteigen! Vorsicht am Bahnsteig! In wenigen Augenblicken fährt der Zug ab! Die Türen schließen selbsttätig.«

»Verschaffen Sie mir bitte nur ein kleines Plätzchen. Ich bin auch mit einem Stehplatz zufrieden«, beeilt sich Luba zu sagen. »Wirklich, diese Frauenkonferenz ist für mich lebenswichtig.«

Der Schaffner schiebt mit dem Zeigefinger den Schirm seiner Dienstmütze auf den Hinterkopf. Schweigend schaut er Luba an.

»Vorsicht bei der Abfahrt des Zuges!«, dröhnt erneut der Lautsprecher.

Die Zugbremsen lockern sich zischend. Am Ende des Zuges schlagen bereits automatisch die Türen zu. Der Schaffner steht auf dem metallenen Trittbrett und hält mit einer Hand seine Waggontür offen. »Ausnahmsweise! Los! Geben Sie mir die Tasche! Schnell! Springen Sie auf!« Luba wirft dem Schaffner die Plastiktüte hoch, die er schnell hinter sich stellt. Mit der anderen Hand zieht er Luba in den Flur des Zuges. Die Tür knallt automatisch zu. Der Nachtzug setzt sich in Bewegung. Der leere Bahnsteig bleibt zurück.

Vor Aufregung schluckt Luba einige Male, aber ihr Mund ist absolut trocken.

»Einen regulären Sitz- und Liegeplatz kann ich Ihnen nicht anbieten. Es ist nichts frei. Aber warten Sie hier am Dienstabteil. Ich räume kurz meine Sachen darin auf.«

Luba hält sich beide Hände vors Gesicht. »Herr Jesus, segne diesen Schaffner – tue es auf deine Weise, die ja nie kleinlich ist!«

Das Aufräumen des Dienstabteils dauert nur wenige Minuten. Als der Schaffner die Schiebetür öffnet, hat er noch immer seine Dienstmütze auf dem Hinterkopf: »So. Ich habe die obere Liege von der Wand heruntergelassen. Sie können sich oben ausruhen. Zwei Decken und saubere Bettwäsche liegen auf dem Kopfkissen. Sie wissen: Die Fahrt bis Kiew dauert acht Stunden. Aber nun muss ich mich erst um alle Fahrgäste im Waggon kümmern.« Er stellt Lubas Plastiktasche auf die obere Liege und schließt die Schiebetür. Sie ist allein. »Ich bin auf der Fahrt nach Kiew! Herr Jesus, ich habe nur ein winziges Stückchen Vertrauen dir entgegengebracht – klein wie ein Senfkörnchen. Und du hast mir diesen guten Platz im Nachtzug eingeräumt. Danke, lieber Herr Jesus!« Dann schwingt sie sich auf die obere Liege, deckt sich zu und betet. Aber das »Amen« schafft sie vor lauter Müdigkeit nicht mehr, es bleibt ungesagt.

Pünktlich rollt der Nachtzug in den großen

Bahnhof in Kiew ein. Luba verabschiedet sich mit einem Dank von dem Schaffner.

»Überwinden Sie Ihre Lebenstragödie, junge Frau«, lacht er freundlich und reicht ihr die Plastiktüte aus dem Zug, nachdem sie ausgestiegen ist.

Bis Irpin fährt die S-Bahn. Luba hat einige Mühe, die richtige Linie herauszufinden. In der Drei-Millionenstadt gibt es so viele S-Bahn-Verbindungen, mit denen sie sich nicht auskennt. Aber wie kann sie ohne Geld fahren?

Tief atmet sie die kühle Morgenluft ein – und dann wieder aus, so, als gelte es, die Sorgen loszuwerden. Irpin liegt 35 Kilometer von Kiew entfernt. Zu Fuß ist es zu weit. Sie steht zwar auf dem richtigen Bahnsteig, aber wie kommt sie weiter? Ihre Plastiktüte klemmt sie sich zwischen die Füße und schaut den hereinfahrenden S-Bahnen zu. Aufmerksam beobachtet sie das Aus- und Einsteigen der Fahrgäste.

»Luba! Bist du es wirklich?«, fragt eine freundliche Frauenstimme. Ziemlich verwirrt schaut Luba in das Gesicht einer älteren Frau. »Ich habe dich von Weitem erkannt und dachte: Ich will Luba doch schnell begrüßen, obschon die nächste S-Bahn bald kommen wird, die nach Irpin fährt. Ach, bin ich froh, dich zu sehen. Luba, sag, bist du etwa auch auf dem Weg zur Frauenkonferenz in Irpin?«

Die ältere Frau kommt ihr wie ein Engel vor, den der Himmel ihr schickt.

»Ja. Ich erhielt gestern überraschend die Einladung von Frau Nadja Komendant. Und habe ihr spontan zugesagt, obwohl ich kein Geld habe.«

Luba spürt, wie ihre Wangen anfangen, glühend rot zu werden: »Nicht einmal für die S-Bahnfahrt nach Irpin habe ich das Geld …«

»Luba, wunderbar!«, unterbricht die ältere Frau. »Ich lade dich ein. Das ist doch selbstverständlich. Ich freue mich riesig, dich hier getroffen zu haben.«

Schon rollt die S-Bahn in die Station ein. Beide Frauen steigen hastig ein, finden Plätze und sitzen einander gegenüber. Sie haben einander viel zu erzählen. Luba erzählt aber nicht, was sie empfunden hat, als diese ältere Frau sie auf dem Bahnsteig ansprach. Erst später, wenn sie in Irpin dazu Gelegenheit bekommt, will sie sagen, dass ihr diese Frau wie ein vom Himmel pünktlich geschickter Engel vorkam.

In Irpin sind weit mehr als 180 Frauen aus der ganzen Ukraine beisammen. Die ganze Konferenz gleicht einem großen Fest. Weihnachten kann nicht schöner sein! Wo Luba auch hinschaut: Allüberall ist Freude zu entdecken. Und sie sagt sich: Jetzt feiere ich wirklich Weihnachten. Weihnachten im Februar. Während sie in den letzten, schweren Wochen gemeint hat, sie müsse mit ihrer Not allein fertig werden, so weiß sie jetzt: Sie ist Glied in einer langen Kette von gläubigen Frauen, mit denen sie eines ganz gewiss gemeinsam hat, das sie alle eng verbindet: die Liebe zum ewigen Gott.

Während der Vorträge ist die Gegenwart des Herrn Jesus spürbar, er ist die Mitte in der Frauenkonferenz. Das zählt. Es geht eine starke Kraft von ihm aus: seine göttliche Liebe, die allen wohltut. Luba hat in den Konferenztagen diese göttliche Substanz als heilende Liebe aufgenommen.

Während der Frauenkonferenz liest Luba ihre Gedichte vor und einige Frauen bedanken sich dafür herzlich bei ihr. Ihre Gedichte gehen zu Herzen und sprechen von zuversichtlichem Trost. Dann kommt die Stunde, als Luba vor den 180 Frauen sprechen soll. Im Saal breitet sich eine heilige Stille aus, als sie berichtet:

»Vor Wochen meinte ich, mein Glück verloren zu haben. Ich musste lernen: Gott hat mir eine schwere Last aufgelegt. Ja, das stimmt! Aber in dieser Zeit hat er mich getragen. Sehr behutsam öffnete er mir die Augen – für seine Güte. Und jetzt, während unserer Frauenkonferenz, habe ich das eigentliche Glück meines Lebens gefunden. Ich brauche nicht länger auf meine schwere Lage zu schauen. Nun kann ich Menschen, die Gott mir in den Weg stellt, segnen – in Jesu Namen.

Ja, ich habe meinen Mann verloren. Ich habe alles verloren. Beide Hände sind leer. Doch nun kann ich sie anderswie verwenden, nämlich fortan vielen Menschen zu helfen. Ich habe bei euch gelernt: Jeder kann ein Segnender sein, wenn er Gutes für andere denkt. Ja, ich habe das letzte Fest der Weihnacht im Leid verbracht und es dadurch völlig verpasst. Von nun an kann ich ein ›Fest ohne Ende‹ feiern – mit euch, zusammen mit vielen anderen. Weihnachten ist nun alle Tage – auch im Februar. Das ist mein Glück!«

Wenn du am Heiligen Abend über Straßenkinder stolperst

4

In Rumänien ist im Dunkeln niemand sicher auf der Straße. Verständlich, denn die Armut eines Großteils der Bevölkerung ist gewaltig, weil es in Rumänien nur wenig Arbeit gibt. Das Balkanland kommt einfach »nicht auf die Beine« – wie es auf Rumänisch sehr wohlklingend heißt. So manch ehrbarer Familienvater ist durch die herrschende Not zum Räuber geworden. Schnell reißen die Gewalttäter jemandem eine Einkaufstasche, gefüllt mit Lebensmitteln, aus der Hand. Dann ist das eingekaufte Essen weg. Das Geld womöglich auch. Von den Dieben fehlt aber anschließend jede Spur, denn solche Überfälle geschehen sehr schnell. Die Räuber laufen in Windeseile heim, wo meist eine größere Kinderzahl schon auf Brot oder auf ein Stück pfefferige Wurst wartet, was nicht selten die einzige Mahlzeit am Tage für die stets hungrigen Mäulchen bleibt.

Anne Tamás, die Volksschullehrerin aus Zeiden, jenem Dorf, das die rumänische Bevölkerung Voila nennt, muss sich beeilen, wenn sie noch vor der Dunkelheit den Bahnhof in Brasov erreichen will. Sie hat von solchen Überfällen schon oft gehört und möchte sich dieser Gefahr nicht aussetzen. Nein, sie wird nicht von Ängsten geplagt. Dafür ist ihr

Glaube an die Gegenwart ihres Herrn Jesus stark genug. »Er ist mir näher als die Einkaufstasche in meiner Hand«, sagt sie sich. Aber das ist für Anne kein Anlass, ihre Augen nicht wachsam herumschweifen zu lassen, ob sich da nicht in der Dunkelheit hinter einer niedrigen Mauer oder einer grünen Gartenhecke etwas Verdächtiges bewegt, was ihr zur Gefahr werden könnte.

Den ganzen Tag über haben Schneeböen die Straßen vollgeweht und glatt werden lassen. Als letzte Kundin hat Anne mit einer dicken Plastiktüte in der Hand das Geschäft verlassen. Die Dunkelheit ist schneller hereingebrochen als erwartet. Anne ist mehr als glücklich, das richtige Weihnachtsgeschenk für ihre Schwester Manuela gefunden zu haben: einen Damast-Bettbezug mit Kopfkissenbezug. Der Einkauf hat länger gedauert als geplant, denn dann wurden ihr herrliche Kopfkissen angeboten – prall gefüllt mit richtigen Gänsedaunen. Nach einem Blick in ihre Geldbörse beschließt sie: »Ein Kissen kann ich mir noch leisten. Wie wird Manuela sich freuen!« Ihre Schwester erwartet kurz nach Weihnachten ein Baby, ihr zweites Kind.

Manuelas Familie wohnt in Wolkersdorf, das die rumänische Bevölkerung »Vulcan« nennt. Ihr Mann Cornell betreibt dort eine Tischlerei. Dadurch hat die Familie täglich zu essen, aber für notwendige Anschaffungen reicht der Verdienst von Cornell kaum oder gar nicht. In Gedanken stellt Anne sich das Neugeborene vor, wie es unter diesem Daunenkissen richtig schön warm haben wird. Anne schwenkt fröhlich die große Plastiktüte im Rhythmus ihrer Schritte und schreitet zielstrebig in Richtung Bahnhof. Sie möchte noch den letzten Bummelzug, der heute in ihr Dorf fährt, erwischen.

Die Bahnhofshalle ist nur spärlich beleuchtet. In der Unterführung brennt überhaupt kein Licht. Anne geht vorsichtig Schritt für Schritt und hält die dicke Plastiktüte direkt unters Kinn: Möge ihr ein Überfall in der Dunkelheit dieser Bahnunterführung erspart bleiben!

Nur vage erkennt sie die Wände der Unterführung. Ihre Augen suchen den Treppenaufgang zum ersten Bahnsteig. Mit ihrer freien rechten Hand tastet sie sich am Mauerwerk der Unterführung weiter. Jetzt muss die Treppe zum zweiten Bahnsteig kommen. Richtig, da ist sie. Eine leichte Helligkeit zeigt ihr bereits den Treppenaufgang zu Bahnsteig 3. Anne hört Menschen, die sich auf dem Bahnsteig unterhalten. Einige Türen des Bummelzuges schlagen zu. Anne ist dankbar, dass sie den Zug noch erwischen wird.

Hoppla – ihr Fuß stößt an einen Wellkarton. Anne stolpert fast, kann sich aber aufrecht halten. War das ein Schreck! Zum Glück nur ein Stück Wellpappe! Mit dem linken Fuß schiebt sie den herumliegenden Karton zur Seite.

Hat sie vom Boden her ein kindliches »Au-au-au« gehört? Auf dem Boden ein Kind? Anne bleibt unwillkürlich stehen, stützt sich mit der rechten Hand am nasskalten Mauerwerk der

Unterführung und überlegt: Ein Kind? Auf dem Boden – unter Kartons? Sie stellt schnell ihre Einkaufstüte auf dem Boden, um mit der anderen Hand vorsichtig im Dunkel dorthin zu tasten, woher das »Au-au!« gekommen ist. Sie erschrickt: Ihre Hand berührt dünne, kalte Beinchen. In der fast völligen Dunkelheit erkennt sie Umrisse von mehreren Kartons, die aufeinander liegen, und schiebt sie zur Seite. Nun ertastet ihre Hand ein Kinderköpfchen, aber sie ahnt: Die dünnen Beinchen und das Köpfchen passen nicht zusammen. Liegen hier zwei Kinder? Das darf doch nicht wahr sein: zwei Kinder. Hier in der dunklen, kalten Bahnsteigunterführung.

»Wer klaut da unsere Kartons?« Anne erschrickt, denn diese verschlafene Jungenstimme gehört nicht zu den dünnen Kinderbeinchen und ebenso wenig zu dem Kinderköpfchen. Anne bleibt fast die Luft weg. Und doch sagt sie mit fester Stimme ins Dunkel hinein: »Nein, ich klaue nicht eure Kartons. Wer bist du? Seid ihr zu dritt?«

Die Kartons bewegen sich, unter denen die Jungenstimme zu hören war. »Wir sind vier.

Hinter mir liegt mein kleiner Bruder Ruben. Nun schläft er – endlich. Mach ihn nicht wach! Verschwinde jetzt! Lass uns in Ruhe! Oder bist du von der Polizei?«

Anne hört auf Bahnsteig 3 das Pfeifen des Zugführers. »Vorsicht an der Bahnsteigkante. Der Zug in Richtung Sibiu-Hermannstadt – über Făgăraş – fährt in Kürze ab! Vorsicht bei der Abfahrt des Zuges!«

Was nun? Ihr Zug fährt los. Jetzt! Zu versuchen, ihn doch noch zu erreichen, ist unmöglich. »O lieber Gott! Was bedeutet das alles? Wenn der letzte Zug losfährt – ohne mich – wie komme ich heute nach Hause?«

Für einen kurzen Moment atmet sie tief durch, versucht Klarheit in ihrem Kopf und in ihren Gefühlen zu bekommen. Sie fröstelt. Der Zug setzt sich mit metallischem Quietschen in Bewegung.

»Sag, Tante, bist du von der Polizei?« In dem Wort »Tante« klingt eine Portion Kinderangst.

»Nein, Polizistin bin ich nicht. Ich stolperte über eure Kartons, das ist alles.«

»Ach, so. Ich dachte …« Hier bricht das angefangene Gespräch ab. Abrupt. Hat der Junge gesehen, was Anne nun auch sieht? Sie erkennt das Licht einer Taschenlampe, das näher kommt. Sie hört Fußtapfen von mehreren Menschen, die die Treppe von Bahnsteig 3 hinunterkommen. Doch der etwa elfjährige Junge – ahnt er Gefahr?

Plötzlich trifft ein greller Lichtstrahl voll in Annes Gesicht. Eine Frauenstimme fragt: »Ist bei Ihnen alles in Ordnung?«

»Doch, doch. Ich wollte zum Zug. Nach Hause. Und stolperte über Kartons.«

Der Fußgänger mit der Taschenlampe leuchtet die Kartons ab: »Sagen Sie, liegen diese Kinder schon länger hier in der Unterführung?« Anne zieht die Schultern hoch: Sie weiß es nicht.

Das Licht der Taschenlampe fällt nun auf die Kindergesichter. Der älteste Junge mag elf Jahre sein, der kleinere Bruder vielleicht fünf. Das weinende Mädchen kommt über acht Jahre nicht hinaus und der kleine Wicht mit den dünnen, kalten Beinchen zählt kaum zwei Jahre. Älter ist er sicher nicht.

Anne wagt es und streicht dem Mädchen vorsichtig übers Haar: »Kind, du zitterst ja am ganzen Leib!«

Sie drückt die dicke Plastiktüte in die Hände der verdutzten Frau. »Halten Sie dies bitte für einen Moment.« Schnell zieht sie ihren dicken Mantel aus, unter dem sie noch eine wollene Strickjacke trägt, knöpft diese auf und zieht sie aus, um dann wieder ihren Wintermantel anzuziehen. Die warme Strickjacke legt sie um das leise heulende, zitternde Mädchen.

Das Mädchen hat nun aufgehört zu weinen und versucht, ihr kaltes Händchen in Annes Hand zu legen.

»Ich heiße Adina«, flüstert das Kind.

Anne ist sich mit dem Ehepaar bald einig: Obwohl heute Heiliger Abend ist, nimmt sie die vier Kinder zunächst zu sich. Sie können unmöglich die kalte Nacht hier in der Bahnsteigunterführung unter Kartons verbringen. Außerdem scheinen sie hungrig zu sein. Und Angst vor der Polizei haben sie auch.

Kann der Mann sie allesamt zu ihr nach Zeiden fahren?

»Aber sicher doch, das ist meine Pflicht!«

Anne schart die Kinder im Schein der Taschenlampe um sich und kauert sich nieder, um auf Augenhöhe mit den Kindern zu reden. Die vier Kinder zögern zwar erst, aber als Anne ihnen verspricht, einen ganzen Topf mit Nudeln für sie zu kochen, willigen sie ein, mitzufahren.

Annes Plastiktüte wird im Kofferraum verstaut. Sie nimmt auf dem Rücksitz des Autos das Mädchen und den kleinen Jungen auf den Schoß. Die beiden anderen Jungs sitzen links und rechts neben ihr. Was für eine Leuchtkraft besitzt doch das Licht einer einzigen Taschenlampe, denkt Anne und summt ein Weihnachtslied.

Anne drückt die beiden Schoßkinder fest an sich und spürt durch ihren Mantel hindurch das Herzpochen der beiden Kleinen, die ihr völlig fremd sind und von denen ein ekliger Geruch in ihre Nase dringt. Doch mit jedem Kilometer schmilzt das Gefühl der Fremde zwischen ihr und den Kindern – wie Schnee in der Sonne.

Anne wird allmählich bewusst, dass sich Freude im Herzen Bahn bricht, wenn man sich anderen mitteilt. Sicher, solche Freude ist zugleich auch anstrengend. Aber was tust du nicht alles für den, den du von Herzen lieb hast. »Freue, freue dich, o Christenheit! Welt ging verloren; Christ ist geboren! Freue, freue dich, o Christenheit!«

Als Anne mit »ihren« vier Kindern die kleine Zweizimmerwohnung betritt, schlägt ihr eine angenehme Wärme entgegen. Sie legt schnell auf die verbliebenen Glutreste des Küchenherdes einige Holzscheite, denn sie muss ja gleich kochen.

Alle Nudelsorten – Makkaroni, Hörnchen, Fadennudeln – hat Anne in ihre zwei größten Töpfe, die sie in ihrem kleinen Haushalt hat, zum Kochen gebracht. Die Kinder sollen heute – am Heiligen Abend – einmal richtig satt werden. Erst werden die dreckigen Hände gewaschen, die in den letzten Tagen scheinbar kein Wasser gesehen haben. Anne schrubbt die Händchen so lange, bis sie rosarot glühen. Der elfjährige Dennis meint: »Ich kriege meine ›Pfoten‹ selber sauber.« Er scheint ohnehin hilfsbereit und sehr geschickt zu sein, denn Anne beobachtet, wie er seinem kleinen Bruder Ruben und den beiden anderen Kleinen beim Abtrocknen der Hände hilft. Anne sieht aber auch, dass die Kinder gründlich sauber gemacht gehören, denn sie »duften« menschlich. Doch dafür wird sie nach dem Essen sorgen.

Als sie das Glas mit den knallroten Tomaten, die sie im letzten Herbst in Salzwasser und Kräuter eingelegt hat, mitten auf den Mini-Küchentisch stellt, erreicht das aufgeregte Geschnatter der Kinder seinen Höhepunkt: »Tante, hast du das alles für uns gekocht?« – »Können wir das alles essen?« Abwechselnd schauen »ihre« Kinder gierig auf das Glas mit den roten Tomaten, dann auf die vier leeren Teller, auf die Gabeln und Löffel und dann auf den dampfenden Berg Nudeln.

Der kleine Marius schafft es nicht, auch nur eine Nudel auf den Löffel zu bekommen, und mit der Gabel klappt es noch weniger. Er nimmt kurzerhand die Nudeln mit seinen Fingern vom Teller und schaut während des Kauens immer wieder Anne an. Und er lächelt. In diesem Kinderlächeln liegt unausgesprochen der ganze Dank dieses Zweijährigen. Bald fingern die drei anderen Kinder auch in den Nudeln.

Die Badewanne kann nur einmal gefüllt werden. Anne hat ihren Einmachkessel mit 25 Liter Wasser gefüllt und auf den Küchenherd gestellt. Als das Wasser siedet, hilft der elfjährige Dennis beim Füllen der Badewanne, denn es kommt noch kaltes Wasser hinzu. Trotzdem zeigt die Wanne nur einen winzigen Wasserstand: Ein paar Zentimeter. Dennis meint: »Ich wasche mich und meinen kleinen Bruder Ruben selber. Können Sie sich um Adina kümmern? Sie hat auf dem Rücken mehrere eitrige Stellen.«

»Natürlich, Dennis. Und hab Dank für deine Hilfe. Ich freue mich darüber.«

»Ist doch klar, Tante! Und schauen Sie sich bitte besonders gut Marius an: Er stinkt schon seit Tagen. Sein Unterhöschen war braun und rot gefärbt. Es war bis oben hin vollgesch… ; da hab ich es weggeschmissen.«

Das Telefon klingelt. Am anderen Ende ist Cornell, Annes Schwager. »Ist mit Manuela alles in Ordnung?«, fragt Anne besorgt.

»Gottlob, ja, sie fühlt sich bestens. Doch bevor wir ins Bett gehen, will Manuela wissen, ob du morgen den ersten Bus nimmst, der bei uns gegen neun in Wolkersdorf ankommt? Oder erst den späteren Bus?«

Anne überlegt, ob sie es mit den vier Kindern schaffen wird, den frühen Bus zu nehmen. Zuerst muss sie zum Bäcker, um Brot und Marmelade zu kaufen. Und die Margarine darf sie nicht vergessen, wenn es sie gibt. Denn manchmal werden die Geschäfte nicht einmal zu den Feiertagen mit dem Allernotwendigsten durch die staatlichen Lieferstellen versorgt. Im ganzen Lande ist die Versorgung der Bevölkerung nicht garantiert.

»Anne? Bist du noch da?«

»Ja, ja. Cornell …«

»Anne, geht es dir nicht gut?«

»Ja, Cornell …« Doch Anne hat ihre Gedanken noch nicht sortiert.

»Anne, brauchst du Hilfe? Sag es mir!« In

Cornells Stimme schwingt Besorgnis mit. »Möchtest du morgen nicht zu uns kommen?«

Anne nimmt den Telefonhörer fester in die Hand: »Cornell, ich brauche zwei oder drei Kinder-Unterhöschen.«

»Was brauchst du? Anne! Ist bei dir alles in Ordnung?«

Anne erzählt ihrem Schwager in Windeseile von den vier Kindern, über die sie am frühen Abend in der Bahnunterführung in Brasov stolperte.

Cornell hört zu. Wie immer. Er kann wirklich zuhören. Wie ein Seelsorger. Dann sagt er: »Anne, ich spreche erst noch mit Manuela. Aber ich komme. Egal, wie stark das Schneegestöber momentan auch ist, ich fahre bald los. Und …« Corell scheint zu überlegen. »Und bringe das eine und das andere mit. Bis dann!«

Ein tiefes Dankgefühl steigt in Anne auf: Gleich kommt Hilfe.

Der kleine Marius steht schon neben der Wanne. Anne zieht ihm das dreckige Jäckchen und die lange Hose aus. Unterwäsche – Fehlanzeige. Ein kleiner, nackter Körper mit blauen Flecken.

»Wo kommen denn die Flecken her?«, fragt Anne den Dennis.

»Tante, ich weiß nur, seine Arme und der Rücken haben geblutet, als er mir neulich gegeben wurde.«

»Er wurde dir gegeben?«

»Ja, von den vier älteren Jungs. Sie schlafen abends in den Zügen, die auf dem Abstellgleis stehen. Tagsüber treiben sie sich in der Stadt herum. Leon, ihr Anführer, sagte mir: ›Du kannst nicht mit uns gehen. Dein Bruder Ruben braucht dich. Geh mit ihm heute Nacht in die Bahnunterführung! Da schneit es nicht - da ist es trocken. Vergiss nicht, Wellpappe für die Nacht mitzunehmen. Wellpappe wärmt.‹ Dann rissen zwei von ihnen den kleinen Marius aus den Händen eines größeren Jungen. Der wollte den weinenden Marius nicht abgeben. Aber sie schubsten den kleinen Kerl zu mir und haben ihn heftig auf den Rücken geschlagen; dabei schrien sie: ›Nimm diesen kleinen Schreihals mit!‹

Ich bin mit Ruben und Marius auf Suche nach Wellpappe gegangen. In dem Hinterhof einer Fabrik haben wir genug Wellpappe gefunden. Ich zerrte einige Kartons aus dem Stapel und sah an der Fabrikwand ein weinendes Mädchen sitzen, das sich an Wellpappe festhielt. Als sie uns sah, weinte sie schrecklich laut: ›Ich habe Hunger! Ich habe kein Zuhause. Mein Onkel liebt mich nicht – er hat mich heute hierher gebracht.‹

Das ist alles, was ich von Adina und Marius weiß. Tante, jagst du uns morgen auch fort?«

Anne spürt, wie sich ein dicker Kloß in ihrem Hals bildet. »Tante, was wird morgen mit uns?« Dennis steht wie angenagelt da und wartet auf eine Antwort.

»Dennis, pass mal auf. Marius und Adina werden heute Nacht bei mir schlafen. Du und dein Brüderchen Ruben schlaft in der Küche auf der Couch. Dann seid ihr euch ganz nahe und in Sicherheit. Einverstanden?«

Dennis ist zufrieden. Aber er schaut die »Tante« unentwegt an. Anne weiß, dass sie ihm noch eine Antwort schuldet.

»Was morgen mit euch sein wird? Junge, wir werden eine Lösung finden. Mache dir keine Gedanken. Alles wird gut, weil Gott gut ist!« Jetzt muss Anne sich beeilen: Das Badewasser wird sonst wieder kalt.

Es geht auf Mitternacht zu, als Anne die sauber gewaschenen Kinder um den Küchentisch schart. Sie erzählt von Bethlehem, wo ein Baby geboren worden ist. Arm. Hilflos. Ohne ein Zuhause. »Es hat einen Namen, der eine große Bedeutung für alle Zukunft hat: ›Gott rettet!‹ Das Baby heißt ›Jesus‹. Merkt euch diesen schönen Namen.«

»Und rettet Jesus auch Dennis und mich? Adina und den Marius auch?«, will Ruben wissen. Anne nickt und streicht den Kindern – eins nach dem anderen – übers frisch gewaschene Haar. »Gott rettet – auch euch!«

»Tante, hat die Mutter von Jesus ihr Kind auch ins Kinderheim gebracht?«, fragt der fünfjährige Ruben. Er wartet nicht auf Annas Antwort: »... dann hat er bestimmt auch viel geweint, nicht wahr, Tante?« Anne drückt den Jungen fest an sich und schüttelt den Kopf: »Nein, Ruben, die Mutter hat ihn geliebt und bei sich behalten, bis er groß war.«

Der elfjährige Dennis hat die Augen geschlossen. Ihm läuft die Nase. Anne reicht ihm ein Papiertaschentuch. »Dennis, bist du traurig?«

Schweigend schüttelt er den Kopf. Mit dem Papiertuch reibt er sich wiederholte Male übers Gesicht.

»Dennis, morgen regelt sich das Morgen! Sei unbesorgt und schlafe jetzt.«

Aber Dennis will noch nicht schlafen. Er hat gesehen: Anne hat vorhin erneut den Einmachkessel mit Wasser gefüllt und aufs Feuer gestellt. Das Wasser ist jetzt warm.

»Tante, ich weiß, was du jetzt tun willst. Du willst doch unsere Kleider waschen, stimmt's? Ich helfe dir, ich kann spülen. Wirklich, lass mich das machen!«

Mitternacht ist längst vorbei, als es an Annes Haustür klingelt. Cornell ist gekommen. Auf Zehenspitzen kommt er in die Küche, wo Dennis und Ruben schlafen. Anne zeigt ihrem Schwager Cornell die beiden Kinder, die sich freigestrampelt haben und fast quer im Bett liegen. Behutsam deckt Anne die beiden Kinder zu – wie eine Mutter es tut. Und in ihr erwachen tatsächlich mütterliche Gefühle.

Anne erzählt ihrem Schwager alles, was ihr auf dem Heimweg mit den vier Kindern passiert ist. Er staunt. »Anne, du bist eine tapfere Frau. – Schau, ich habe Kinderunterhöschen und Hemdchen mitgebracht. Und hier sind Hosen und Pullover in verschiedenen Größen. Da ist auch für das Mädchen was dabei. Meinem Sohnemann Stefan passt das alles längst nicht mehr. Er wird doch bald schon zwölf.«

Anne ist überwältigt von der Liebe ihrer Schwester und ihres Schwagers.

An der Tür verabschiedet sich Cornell mit dem traditionellen Küsschen und einem festen Händedruck: »Morgen hole ich euch nach dem Gottesdienst ab und dann feiern wir zusammen die Geburt unseres Heilandes Jesus. Und nochmals, du bist eine tapfere Frau. Schon immer warst du für uns ein Vorbild. Jetzt noch mehr! Gott segnet dich! Er liebt dich – ja, er handelt durch dich!«

Behutsam schließt Anne die Tür. Sie hört das Auto durch die Schneenacht wegfahren. Noch bleibt Anne für einige Augenblicke bei den Kleiderpaketen stehen und denkt: Die beste Hilfe – ja, die beste Hilfe für die vier armen Kinder ist … die Liebe. Und wer Liebe mit Freuden weiterschenkt, der gibt am meisten.

Pünktlich steht Cornell zur Mittagszeit vor Annes Haustür. Die Fahrt nach Wolkersdorf, das die rumänische Bevölkerung abgekürzt »Vulcan« nennt, ist für die vier Kinder ein »Juchhe« – ein herrliches Erlebnis: Es gibt nämlich beachtliche Schneeverwehungen, durch die sie fahren. Die Spur, die Cornell vor zehn Minuten auf der Hinfahrt zu Anne durch den Schnee gezogen hat, ist längst wieder zugeweht. Welch eine Gaudi!

Anne sieht von Weitem ihre Schwester Manuela vor der Haustür warten. Ihr Sohn Stefan schippt vor der Werkstatt den Neuschnee beiseite, damit das Auto dort parken kann.

»Frohe Weihnachten!« – »Gute, gesegnete Festzeit!« Die Freude der Schwestern ist unverkennbar. Auch die vier Kinder sind in der ihnen fremden Cornell-Familie herzlich willkommen. Bald spielen sie mit Stefan, der seine alten Spielsachen hervorgeholt hat.

Während die Kinder spielen, sitzen Cornell und Manuela mit Anne zusammen in der Wohnzimmerecke und besprechen die Zukunft der vier Kleinen, die seit gestern deshalb zur Familie gehören, weil Anne sie in ihr weites Herz geschlossen hat.

»Nein, sie morgen wieder unter Kartons in die Bahnunterführung legen? Nein, das kommt nicht in Frage!«, meint Manuela. »Das käme einem Wegwerfen gleich.«

Fragend schaut Anne ihre Schwester an.

»Anne, die Kinder brauchen eine Zukunft. Und wir können sie ihnen schenken. Gott hat uns in letzter Zeit klargemacht, dass er uns für sein Reich einsetzen will. Und zwar in Rumänien. Er hat uns nicht das Wie und Wann und Wo erklärt. Aber durch mehrere Abschnitte aus dem Evangelium wurde Gottes Ruf an uns stets deutlicher.«

Cornell gibt zu bedenken:

»Anne, deine Wohnung ist viel zu klein für die vier Kinder. Das kann auf Dauer nicht gut gehen. Außerdem verbringst du täglich fünf volle Stunden in der Schule. Wer beaufsichtigt in dieser Zeit die Kleinen?«

»Aber die Kinder in ein Heim geben? Das ist kein Ausweg! Die Zustände dort sind für Kinder unzumutbar.«

Cornell betrachtet die spielenden Kinder, die offensichtlich hier im Hause glücklich sind:

»Kannst du dir vorstellen, dass du uns vorerst die Kinder überlässt? Der größere Junge, Dennis, kann vermutlich mit Stefan ins Gymnasium gehen. Adina, das Mädchen, geht hier im Ort in die Volksschule. Ruben passt auf den kleinen Marius auf – und wir alle zusammen bilden eine Großfamilie.«

»Cornell, bedenke, die Entbindung steht an. Und danach hat Manuela alle Hände voll zu tun mit dem Neugeborenen.«

»Die Entbindung ist erst in zwei oder drei Wochen – eben zu gegebener Zeit«, meint Manuela. »Aber jetzt ist die Zeit, zu entscheiden, was wir mit den vier Kindern tun. Ich bin bereit, sie zu uns zu nehmen.«

Sohn Stefan springt von seinen Spielsachen auf, denn er hat alles mitgehört, was sein Vater der Tante Anne vorgeschlagen hat. Er stellt sich neben seinen Vater und gibt mit seiner kräftigen Stimme zu verstehen: »Vati, vier auf einmal? Das ist aber eine Wucht! Das machen wir! Das machen wir, ja!«

Cornell drückt seinen Sohn an sich: »Wenn du, unser Sohnemann, mit diesem schnellen Familienzuwachs einverstanden bist … was bleibt uns dann noch zu tun?«

»Was noch zu tun bleibt?«, fragt Stefan und schaut in die Erwachsenenrunde. »Wir fragen Gott. Wir knien nieder und beten.«

Während Manuela auf ihrem Lehnstuhl sitzen bleibt, knien Anne, Cornell und Stefan an der Couch nieder.

Beter kennen dieses Geheimnis: Gott im Voraus zu danken für seine Zukunft mit uns. Beter vertrauen dem himmlischen Vater, dass er die jetzige Lebensgeschichte in eine wundervolle Segensgeschichte verwandelt. Dieses Geheimnis kennen Cornell und Manuela. Jeden Abend stellen sie ihr Leben – in guten und schlechten Zeiten – unter Gottes Segenshand. Jetzt erfüllt sie ihr zuversichtliches Beten mit Freude: Zukunft für Kinder schaffen, das kann niemals Schlimmes bedeuten. Wer aber die Zukunft nicht vor-denken will, der wird auch keine schaffen – weder für sich noch für andere.

Anne betet: »Lieber himmlischer Vater, ich muss nicht zuerst glauben, damit du durch mich wirken kannst. Ich kann schon jetzt glauben: Du hast bereits angefangen, mich für dieses Wirken zu segnen. Amen.«

Während Anne betet, ist der kleine, zweijährige Marius zwischen sie und Stefan gekrochen. Er schaut, wie Stefan kniet und seine Hände gefaltet hat – und tut es ihm gleich.

Als Cornell das gemeinsame Gebet mit einem lauten »Amen« schließt, wiederholt Marius mit piepsiger Kleinkinderstimme das »Amen«. Das hebräische Wort bedeutet: »Es steht fest« – »Es gilt«.

In den zurückliegenden Tagen hat sich die Großfamilie schnell zusammengefunden. Dennis und Adina sind eingeschult. Die Rückenverletzungen bei dem kleinen Marius und die eitrigen Rückenwunden bei Adina sind abgeheilt. Wenn alle mittags um den Küchentisch sitzen und sich die dicke Suppe schmecken lassen, dann schaut Manuela nicht ohne Stolz auf die Kinderschar. Sohn Stefan ist dick Freund mit dem fast gleichaltrigen Dennis, der sich wiederum rührend um seinen kleinen Bruder Ruben kümmert. Dennis hilft auch gern in der Küche mit. Adina spielt mit dem kleinen Marius wie ein kleines Mütterchen, das sich auch dann um ihn kümmert, »wenn er aus der Hose muss«, wie sie es nennt.

Vater Cornell hat an diesem kalten Januarmorgen »seine Tochter Adina« zur Volksschule gebracht, als er im Dorf vier halbstarke Jugendliche sieht, die – da ist er gewiss – nicht aus Wolkersdorf stammen. Sie sehen aus, als ob jeder von ihnen arg durchgefroren ist.

Als er in seiner Tischlerwerkstatt Kiefernholz für einen Kleiderschrank sägt, hört er im Hof Jungenstimmen. Ob es die vier Jungen sind, die er vorhin im Dorf gesehen hat? Betteln sie?

Er öffnet die Werkstatttür und schaut in vier vor Kälte erstarrte Gesichter. Und hungrig schauen sie auch aus.

»Onkel, guten Tag! Ich bin auf der Suche«, sagt der Längste von ihnen.

»Nein, wir miteinander suchen ein Kind«, fügt einer aus der Gruppe an, der nicht einmal eine Mütze auf dem Kopf hat. Seine Ohren sind glühendrot vor Kälte. »Genauer: Ich suche meinen kleinen Bruder«, fügt er schnell hinzu und reibt sich die durchgefrorenen Hände. »Er ist zwei Jahre und heißt Marius.«

»Marius?«, fragt Cornell.

»Ja, er ist krank. Durchfall. Unser Vater starb an Tuberkulose. Bevor vor drei Wochen unsere Mutter starb, sagte sie noch: ›Tudor, sorge für Marius. Er ist noch so klein. Er braucht dich, wenn ich von euch fortgehe. Zum Himmel …‹ Mehr konnte sie nicht sagen, dann war es ganz still in der Küche, wo sie lag …«

Dem Jungen kullern Tränen über die Wangen, die er mit seinem Jackenärmel aus dem Gesicht wischt.

»Nun kommt erst einmal in meine Werkstatt, die ist wenigstens ein wenig warm«, meint Cornell. »Wenn ihr euch ein wenig aufgewärmt habt, dann erzählt ihr mir eure Geschichten – woher ihr seid, was ihr treibt. Und jetzt sagt mir erst, ob ihr Hunger habt.«

Staunend nicken die vier Jungen.

In der Küche bereitet die helfende Nachbarin Dorica einen Topf mit Kartoffelsuppe und schneidet acht dicke Scheiben Brot ab. Cornell fragt die Jungs: »Wo habt ihr übernachtet?«

»Es war mächtig kalt im Heuschober, den wir oberhalb vom Dorf gefunden haben.«

»Obwohl Heu genug im Stall lag, habe ich doch sehr gefroren.«

»Ich war so hungrig, dass ich Heu gekaut habe – wie ein Kalb. Bis mein Kiefer erst müde vom Kauen wurde und dann wehtat. Aber geschmeckt hat das Heu. Wirklich, Onkel.«

Je mehr die Jungs ›auftauen‹, umso mehr schwatzen sie.

Nur einer, der sein verloren gegangenes Brüderchen sucht, sagt keinen Ton. Vater Cornell muss ihn auffordern, seine Geschichte zu erzählen.

»Onkel, ich musste lernen, dass unsere Mutter nie wieder sprechen wird. Es kam unser Nachbar mit einigen Leuten, um sie abzuholen. Eine Polizistin hat unsere Kleider in einen Sack gelegt, meinen kleinen Bruder auf den Arm genommen und zu mir gesagt: ›Tudor, du nimmst den Sack. Und komm mit mir!‹ Im Kinderheim bekamen Marius und ich in einem großen Schlafsaal ein Bett zugewiesen. So viele Betten! So viele Kinder! Und nur ein freies Bett. ›Hier schlaft ihr zusammen, bis ich noch ein anderes Bett oder eine Matratze finde. Ich bringe euch noch Decken.‹

Als es Abend war, bekamen wir ein Stück Brot und eine Suppe. Die Tante kam nicht, um uns Decken zu bringen. Sie hat uns sicher vergessen. Marius hat viel geweint und in seinem Bauch hat es von den Suppen, die wir zu essen bekamen, geblubbert. Er aß nichts mehr. Niemand hat sich um uns gekümmert. Nach drei Tagen habe ich mein krankes Brüderchen auf den Rücken genommen. Wir sind zurück in die Stadt, um einen Doktor zu finden. Ich wollte nicht, dass Marius auch stirbt.«

Die Jungs löffeln begierig. Vater Cornell behält Tudor im Auge: Ja, er hat die gleichen Augen wie Marius.

Der Älteste von ihnen, Leon, schaut zu Cornell rüber und spricht mit vollem Mund: »Ich wusste, dass ein Arzt in Ozun wohnt. Da komm ich her. Das sind 20 Kilometer von Brasov. Ich habe den Vorschlag gemacht: ›Tudor, wir fahren mit dem nächsten Zug hin. Der Doktor gibt uns vielleicht ein Medikament für Marius. Aber wir können ihn nicht mitnehmen. Für solch abenteuerliche Fahrt – ohne Fahrkarten – ist er einfach zu krank.«

»Es war schon Abend«, ergänzt Tudor. »Da sahen wir an den Gleisen einen Jungen, der hatte zwei Kinder an der Hand, einen Jungen und ein Mädchen. Leon und die anderen Jungs wollten ihm in aller Eile mein Brüderchen geben. Ich wollte mich nicht von ihm trennen und es gab eine Rauferei um Marius.«

»So war's«, fügt Leon hinzu. »In Ozun war der Arzt nicht zu Hause. An der Tür stand, dass er bis zum 10. Januar geschlossen hat. Als wir am nächsten Morgen nach Brasov zurückkamen, fanden wir den Jungen mit den drei Kindern nicht mehr.« Leon setzt eine schuldbewusste Mine auf und zeigt mit einer schwenkenden Kopfbewegung auf Tudor, der still in sich hineinweint.

Vater Cornell lässt Tudor ausweinen, streicht ihm aber kurz über seinen blonden Haarschopf.

»Zur Polizei kann Tudor nicht gehen«, ergänzt Vasil, der Junge mit dem dicken Schal um den Hals. »Die stecken ihn doch gleich ins Kinderheim.«

»Wir sind bei Schnee und Kälte durch Brasov gerannt. Erfolglos«, meint Leon. »Und dann sagte uns jemand: ›In Wolkersdorf hat eine Christenfamilie am Weihnachtsabend mehrere Kinder in ihr Haus aufgenommen.‹«

Vasil fummelt verlegen an seinem dicken

Schal: »Gestern kamen wir hierher, aber niemand will uns eine Auskunft geben. Jemand sagte: ›Verschwindet aus unserem Dorf! Hier wohnen normale Menschen. Aber keine Christen! Haut ab!‹«

Leon hat die Teller zusammengestellt und Vater Cornell erhebt sich, um sie ins Haus zu bringen: »Ich gehe jetzt ins Haus. Ihr bleibt hier in der Wärme. Legt euch dort in die Ecke auf die Späne und ruht euch aus. Draußen im Garten steht das Klo. Ich bespreche jetzt mit meiner Frau, was wir für euch tun können. Einverstanden?«

»Einverstanden«, klingt es fast einstimmig aus dem Munde der vier Jungs.

Mutter Manuela sitzt im Wohnzimmer im breiten Lehnstuhl, als Vater Cornell hereinkommt. Ruben und Marius springen auf, lassen die Spielsachen auf dem Boden liegen und wollen auf Cornells Arm genommen werden. Marius legt seine schmalen Ärmchen um Cornells Nacken, um seinen

»Papi« zu drücken. Als Marius ihn neulich zum ersten Mal so nannte, kam ein bewegendes Vatergefühl in ihm hoch. Ja, so ist es: Nicht die Väter machen Kinder, sondern die Kinder machen Väter.

Vater Cornell stellt die beiden Kleinen auf den Boden zu ihren Spielsachen und erzählt dann leise seiner Frau von den vier Halbwüchsigen aus Brasov und von Tudor, der seinen Bruder Marius sucht. Natürlich hat Vater Cornell den Jungs nicht verraten, dass Marius ein Glied der Großfamilie geworden ist. Aber was tun? Ihn in Kälte, Hunger und Obdachlosigkeit zurückgeben? Vater Cornell schüttelt bedachtsam den Kopf:

»Ich weiß es wirklich nicht.«

Mutter Manuela fragt ihren Mann nach Namen und Alter der Jungs.

Tudor, der Bruder von Marius, müsste 14 Jahre alt sein. Leon, der Älteste in der Gruppe, ist 17 und handwerklich begabt. Valentin ist schätzungsweise 16, und Vasil wird ein Jahr älter sein.

Mutter Manuela erhebt sich etwas beschwerlich aus ihrem Lehnstuhl, stellt sich vor ihrem

Mann, gibt ihm einen dicken Kuss und strahlt: »Weißt du noch, Cornell, was uns Gott vor Wochen und Monaten eröffnete?« Sie schaut ihn lachend an: »Gott will uns für sein Reich einsetzen. Und zwar hier in Rumänien. So manches Bibelwort hat uns das bestätigt.«

Über Cornells nachdenklichem Gesicht huscht ein Lächeln: »Stimmt!«

»Das ist großartig!«, eröffnet Manuela ihrem Mann. »Ab heute sind wir beide die Eltern eines familiären Kinderheimes. Wenn die staatlichen Kinderheime versagen, dann nimmt der himmlische Vater seine Kinder, uns und Anne, um diesen Straßenkindern eine Zukunft zu schenken.

Schau, Cornell, du machst dir als Vater sicher Gedanken, wie wir all die Kinder satt kriegen. Wie wir sie kleiden können. Doch du hast eine Tischlerwerkstatt – und in den letzten Wochen wirklich genug Aufträge. Manchmal ist mehr Arbeit da, als du allein bewältigen kannst. Du brauchst Gehilfen und Mitarbeiter, Lehrlinge, die du in deiner Werkstatt ausbilden kannst!«

Stehendes Fußes beten die Eltern und danken Gott, der seinen Plan bereits seit Langem für sie fertig hatte – auch wenn sie es nicht sofort als seinen Weg erkannten.

Dann gehen sie zusammen in die Werkstatt. Als sich die vier Halbwüchsigen Manuela vorstellen, findet sie ihren Plan bestätigt. Vater Cornell verlässt die Werkstatt, um »nach dem Rechten zu sehen« – wie er sagt.

»Aber ich habe vielleicht eine Überraschung für euch.«

»Eine Überraschung?«, fragt der 17-jährige Leon. »Erlauben Sie es uns vielleicht, heute Nacht in der warmen Werkstatt auf den Spänen zu schlafen?«

»Gut möglich, aber das …« Das Freudengeheul der Jugendlichen ist ohrenbetäubend.

»Das ist nicht die eigentliche Überraschung, wie ihr gleich sehen werdet.«

Dann kommt Vater Cornell mit Marius auf dem Arm wieder zurück.

Für Augenblicke ist in der Werkstatt nur das

Knistern der Holzscheite im Bullerofen zu hören. Cornell setzt Marius auf den Boden. Er schaut erst Vater Cornell an; dann hat er seinen Bruder Tudor erkannt. Mit ausgestreckten Ärmchen läuft er auf die Vierergruppe zu, schwenkt aber schnurstracks auf seinen Bruder zu. »Tudu! Tudu!«, kreischt er. Und Tudor? Er kniet nieder, um sein Brüderchen zu küssen, zu umarmen, zu betrachten: »Marius! Du lebst! Da bist du!«

Vater Cornell sitzt mit den vier Jungs, mit seinem Sohn Stefan und Dennis im Wohnzimmer auf dem Boden. Er fragt »die Neuen« nach ihren Zukunftsplänen. Doch sie haben keine. Nicht einmal für den morgigen Tag.

Die Vier erzählen Cornell ausführlich, wie sie als Waisenkinder von Verwandten, von Menschen allerorts, verstoßen wurden. Sie hungerten und wären fast erfroren. Und immer hört man die Trauer um ihre verstorbenen Eltern heraus.

Vater Cornell wird vom Schulleiter mit offenen Armen empfangen. Selbstverständlich können Vasil und Valentin, Leon und Tudor ihren Volksschulabschluss in Wolkersdorf machen, kein Problem!

Jedes der Kinder erhält eine Aufgabe im Haushalt und in der Küche. Valentin, Vasil und Leon helfen sogar in der Werkstatt, besorgen dort die Aufräumarbeiten und halten die Handwerkzeuge instand. Hinzu kommt noch das tägliche Hacken von Brennholz – für Haus und Werkstatt. Die drei ältesten Jungen gehen Vater Cornell auch bei der Fertigung von Möbeln, Fenster und Türen gern zur Hand. Die Werkstattaufträge nehmen von Woche zu Woche zu. Vasil und Valentin haben sich das Gitarrenspielen schnell angeeignet und begleiten den »Kinderchor«, den Mutter Manuela leitet. Die flotten, rhythmischen Jesus-Lieder lernen sie schnell und das gelegentliche Singen in der Brüdergemeinde spornt die Kinderschar an, weiter zu üben.

Als ich, ein Pastor aus Deutschland, Wochen später überraschend das »Kinderhaus« besuche, staune ich: In keiner Ecke finde ich Staub oder Sand. Die beiden Waschbecken im Haus sind ebenso picobello sauber wie die beiden WC-Schüsseln. Die Kinder sehen allesamt glücklich aus, wenngleich es an Kleidung für sie fehlt. Ach, es fehlt noch so vieles: Töpfe und Bratpfannen, Löffel und Gabeln, Schüsseln und Teller. Ordentliche Matratzen, Schuhwerk für die Kinder und das jährliche Schulgeld.

Mutter Manuela hat vor einer Woche ein süßes Mädchen geboren, das von allen Kindern aufs Herzlichste geliebt wird. Da komme ich gerade rechtzeitig, um die kleine Corina und ihre Eltern zu segnen. Und nicht nur sie: Wir gehen durch das Haus, um in jedem Raum zu beten. Der Rundgang wird zur Hausfeier; der Sieg Jesu wird in allen Zimmern ausgerufen. Wo zuvor Stefan mit seinen Eltern lebte, da wohnen heute zwölf Personen.

Ich notiere in meinem Heft, was vordringlich gebraucht wird. Die Kinder brauchen drei kleine Schlafzimmer, wo je ein Doppelbett aufgestellt werden kann. Dann kann das Matratzenlager in Cornells Werkstatt, das jeden Abend zwischen Brettern und Hobelmaschine, Werkbank und Bandsäge eingerichtet werden muss, aufgehoben werden.

Diese Baumaßnahme kann Vater Cornell mit einigen Gemeindegliedern selber durchführen – nur Baumaterial wird benötigt.

Ich notiere auch den Herzenswunsch von Mutter Manuela: Das vorhandene Wohnzimmer, das gleichzeitig der Essensraum ist, sollte um einige Quadratmeter erweitert werden.

Außerdem müssen zwei Duschen unbedingt installiert werden – drei wären noch besser. Dazu noch zwei Waschbecken und zwei WCs.

Woher soll das erforderliche Geld kommen? Die Kasse der Mission »Ost-West« ist fast immer leer. Denn die Spenden, die überwiesen werden und herein kommen, werden möglichst sofort weitergeleitet dorthin, wofür sie gegeben wurden. Trotzdem weiß ich: Gute Sachen sind nie an

Geld gescheitert – wenn sie Gottes Ehre groß machen! Das gilt auch für Rumänien.

Mir ist klar, dass ich mit meinem kleinen Herzen nicht der Maßstab der großen Absicht Gottes sein kann. Aber die Liebe Gottes, die in mir wohnt, kann auch nicht die Angelegenheit blasser Gedanken bleiben. Auch für das »Kinderhaus« in Wolkersdorf hat der himmlische Vater sicher schon eine gute Lösung bereit.

Ich atme tief durch, als mir unerwartet, aber sehr deutlich, diese Vision vor Augen steht: Gottes Geist kann Herzen zum Mit-Tun bewegen. Für jedes Kind werden durchschnittlich 125 Euro im Monat benötigt. Und da ist sicher der eine oder andere meiner Missionsfreunde, der noch zum Bauen seinen Teil dazu beisteuern kann. Denn Gott will uns zum Segen machen. Jetzt auch für diese geretteten Straßenkinder. Ein Segen sein? Aber ja! Wenn Gott anfängt, uns zu segnen, dann tut er es nie spärlich. Nie!

Die Welt-Tragödie besteht darin, dass da so viele Leute sind, die es vorziehen, sich selbst zu lieben. Doch für uns Christen ist das keine Option. Unsere Gesinnung lautet: Wer die Jesus-Liebe praktiziert, ist für andere wie die helle

Sonne, die Gottes Willen ausstrahlt. Sein Wille ist einfach und gut: Gott braucht uns, um Menschen zu retten.

Zum Autor

Die **Studenten** in Albanien, im Kosovo und sonst wo sagen »Professor« zu mir.

Einverstanden.

In den **ukrainischen Gemeinden** sprechen die Gläubigen mich als »Pastor« an.

Nun – der bin ich ja auch.

In rumänischen und deutschen Brüder- und Gemeinschaftskreisen bin ich schlicht und einfach ihr »Bruder Gerhard«.

Das passt zu mir.

Meine Eltern nannten mich »onze Geerart«, unser Gerhard. Diese niederländisch-sprachige Liebkosung klingt immer noch in meinen Ohren.

Unvergesslich!

Für den **himmlischen Vater** bin ich der nach Hause gekommene »verlorene Sohn«. Er sagt es so: »Dieser mein **Sohn** war tot und ist wieder lebendig geworden; er war verloren und ist wiedergefunden worden!«

Gut, nicht wahr?

Das höre ich am liebsten und freue mich täglich darüber.

Von Gerhard Jan Rötting sind bei mediaKern erschienen:

Erzählbände (jeweils 112 Seiten)

Als Schmuggler Gottes unterwegs
Bestell-Nr. 512 2000

Als um Mitternacht eine fremde Gestalt erschien
Bestell-Nr. 512 2001

Als ein Schatz in der Hirtenhütte entdeckt wurde
Bestell-Nr. 512 2002

Als ein Engel das todkranke Mädchen besuchte
Bestell-Nr. 512 2004

Als drei Straßenkinder unter der Brücke gefunden wurden
Bestell-Nr. 512 2005

Als die Königin die Gefängnistür öffnen ließ
Bestell-Nr. 512 2006

Als zur ersten Weihnacht ein neuer Ofen die Hütte wärmte
Bestell-Nr. 512 2007

Bildbände (jeweils 48 Seiten)

Dich erfüllt ein bleibender Segen
Bestell-Nr. 512 3500

Dich behütet ein wachsamer Engel
Bestell-Nr. 512 3504